MANUEL DE
PERMACULTURE

ULRIKE WINDSPERGER

MANUEL DE
PERMACULTURE

*Concevoir et cultiver
un jardin naturel et autosuffisant*

SOMMAIRE

INTRODUCTION

*Dans la nature, il n'y a rien de plus important
ni de plus digne d'attention que le sol.*
Frédéric Albert Fallou[1], 1862

Dès l'enfance, être dans la nature et admirer ses différentes manifestations — les formes délicates des fleurs, les odeurs, le réveil annuel, la floraison et la beauté particulière des plantes, des animaux et des pierres — m'ont toujours particulièrement émue.
Cela a fait naître une vocation. Depuis les années 1980, je m'occupe de permaculture théorique et pratique. Mon mémoire d'études, La permaculture comme modèle pédagogique, met en évidence les liens entre écologie et éducation. La situation générale de notre société implique d'urgence l'émergence de nouveaux savoirs, d'une pensée critique ainsi que des changements de comportement. Nos objectifs éducatifs et écologiques doivent être au service de l'avenir. Nous avons besoin d'enfants éveillés et d'une attitude responsable envers la nature et ses ressources.
La permaculture et l'éducation favorisent une compréhension nouvelle des impacts de nos activités quotidiennes et de notre façon de traiter la nature au jardin. À l'université, j'enseigne l'éducation à l'environnement, la pédagogie des loisirs, le tourisme alternatif et l'action culturelle.

---

[1] Avocat et pédologue du XIXe siècle originaire de Saxe, ayant écrit plusieurs ouvrages de références sur le sol et ayant participé au développement de la discipline en Allemande et étant considéré aujourd'hui comme l'un des pères fondateurs de la pédologie.

Depuis plus de 20 ans, j'anime des conférences et des stages sur tous les aspects du jardinage. J'écris régulièrement dans une revue de jardinage, notamment des articles critiques sur des sujets aussi variés que le glyphosate, le Partenariat transatlantique de commerce et d'investissement (TTIP en anglais), les manipulations génétiques, mais aussi sur le sol, les plantes mellifères, la fertilisation ou le compost. Formatrice en plantes médicinales, apicultrice et créatrice de jardins, j'anime des sorties de découverte des plantes et des cours de cuisine sauvage. J'ai le souci de sensibiliser les gens à la qualité des plantes médicinales et au fait que, sans la pollinisation par les abeilles et les insectes, les cycles naturels et notre alimentation ne seraient plus assurés. Le changement climatique se fera sentir jusque dans nos jardins et toutes les plantes ne pourront faire face. Cependant, avec un bon travail du sol, la plupart des problèmes peuvent être évités.

Ma vision de la permaculture est qu'il est possible de s'épargner une grande partie du travail au jardin. Toutefois, la voie qui mène à un jardin « sans effort » demande des connaissances ainsi qu'une nouvelle façon de penser et d'agir avec la nature.

Dans ce livre, comme dans les stages et les conférences que j'anime, je voudrais vous familiariser avec les principes fondamentaux de la permaculture.

Le signal d'alarme,
Halte à la croissance !

En 1972, le premier rapport du Club de Rome intitulé *Halte à la croissance* provoquait une onde de choc mondiale en mettant pour la première fois en perspective la possibilité d'un effondrement écologique à l'échelle planétaire dû à notre système économique, consommateur et destructeur de ressources. Il alertait notamment l'opinion publique sur les problèmes en découlant pour l'espèce humaine comme pour l'ensemble du vivant. Un an plus tard, en 1973, Ernst Friedrich Schumacher publiait son livre *Small is beautiful*, où il proposait une alternative au système dominant. Quarante-cinq années plus tard, ses propositions n'ont rien perdu de leur pertinence. Ces deux textes de références et bien d'autres encore depuis, ont analysé — entre autres — l'expansion mondiale du processus de désertification et la destruction des sols des pays industriels par la monoculture et l'agriculture industrielle. En 1992, 20 ans après ces premières alertes, la première conférence mondiale pour l'environnement se tenait à Rio et proposait un plan d'action pour le XXIe siècle, l'*Agenda 21*, au niveau local comme au niveau mondial dans les domaines clés que sont l'écologie, la gestion des sols, les politiques énergétiques et agraires, l'alimentation, l'accès à l'eau potable, la lutte contre la pauvreté, la politique démographique, l'éducation, le traitement des eaux usées et des déchets, la conservation des variétés anciennes, les questions sociales et sanitaires ainsi que la répartition inégale de ressources, de l'argent et du pouvoir. De mon point de vue, l'*Agenda 21* et son plan d'action pour assurer aux générations futures un environnement écologique et viable sont au cœur même de la permaculture.

Qu'est-ce que la soutenabilité ? Le développement dit soutenable ou durable implique que nous traitions sur un pied d'égalité les enjeux environnementaux et les enjeux socio-économiques. Une gestion soutenable signifie que nous devons laisser à nos enfants et petits-enfants un cadre écologique, social et économique intact. Or, il n'est pas possible d'avoir l'un sans l'autre.
Conseil pour le développement durable
de la République fédérale d'Allemagne

La crise est une chance

L'accumulation d'alertes aussi bien que des rapports sur les catastrophes à venir nous fournit l'opportunité de nous engager sur le bon chemin. Car ce n'est qu'en reconnaissant que « le sol se dérobe sous nos pieds » que nous accorderons une plus grande attention à nos conditions fondamentales d'existence et que nous apprendrons à les conserver. À travers les formations que j'anime mais aussi à travers ce livre, mon objectif est que les gens développent (à nouveau) une sensibilité et une attention particulière à notre belle nature, hélas en danger. Bien que nous évoluions dans une société de consommation, nous devons apprendre à mieux préserver nos ressources. Le premier pas consiste à savoir où et à quel prix ont été produits nos aliments, nos plantes et nos vêtements. Nous sommes à la fois victimes et coupables si nous continuons à consommer aveuglément sans nous interroger sur nos actes.

La nature comme source d'inspiration

L'un des principes fondamentaux de la permaculture est de s'inspirer de la nature. La nature peut nous ouvrir la voie vers une nouvelle conscience : nous pouvons nous y immerger et ressentir sa fragilité afin de nous en inspirer dans nos actions. La permaculture anticipe les solutions et évite par là même les problèmes. Un jardin en permaculture doit être autarcique, c'est-à-dire qu'il doit respecter le cycle des éléments et éviter tout gaspillage d'énergie. Cela suppose, entre autres, de recy-cler au lieu de jeter, de sauvegarder les varié-tés anciennes et locales, d'utiliser des semen-ces non traitées et non-OGM, de préférer les cultures associées aux monocultures, de préserver des sols productifs et de lutter contre l'érosion des sols, de comprendre et de ne pas perturber le cycle de l'eau, d'utiliser l'énergie solaire et bien sûr, d'abandonner l'utilisation des pesticides au profit d'un partenariat intelligent avec la nature.

▶ Les fleurs de tournesols tournent pour suivre le soleil. L'agencement des fleurons sur les capitules reproduit une des formes fondamentale de la vie, la spirale. Les fleurs approvisionnent abeilles et insectes en pollen et en nectar.

QU'EST-CE QUE LA PERMACULTURE ?

Le mot permaculture vient de *permanent agriculture*, expression anglaise qui désigne une agriculture ou une utilisation soutenable du sol, sous la forme d'un jardin durable, s'auto-entretenant. La permaculture est avant tout une philosophie holistique qui englobe le jardin mais aussi l'alimentation, la santé, l'habitat et encore bien d'autres aspects de notre vie. Elle nous invite à comprendre et à respecter les processus naturels, les réseaux et les interactions à l'œuvre dans la nature, ainsi que nos propres actes.

UN MONDE EN RÉSEAU

Les principes de la permaculture trouvent leur origine dans l'observation
et la compréhension du rapport à la vie des aborigènes d'Australie.
Le mot a été forgé en 1975 par Bill Mollison, scientifique australien
et fondateur du département de psychologie environnementale
à l'université de Tasmanie.

Bill Mollison et son élève, David Holmgren, ont mis au point des principes spécifiques pour gérer notre espace de vie, incluant à la fois l'habitation et le jardin, donnant ainsi naissance à la permaculture en tant que technique agricole et plus généralement, en tant que philosophie de vie. Leur but revendiqué est l'autonomie : le premier pas est de structurer son terrain de manière à ce qu'il puisse subvenir aux besoins de ses habitants.
En 1981, au titre de son travail pour développer la permaculture, Bill Mollison a reçu le Right Livelihood Award, communément appelé en France le prix Nobel alternatif. Le Japonais Masanobu Fukuoka est un autre pionnier célèbre de la permaculture.

Préservez la biodiversité

Il est important de comprendre que dans la nature, tout est interconnecté. Prenons l'exemple d'une forêt primaire qui n'a pas été perturbée par l'intervention humaine. Tous les organismes, plantes et animaux, sont adaptés les uns aux autres et se maintiennent en

◄ Les réseaux peuvent être souterrains ou en surface. Les racines des arbres ont des échanges directs entre eux ou avec les filaments de certains champignons, formant une symbiose invisible à nos yeux.

▲ Sans les abeilles, il n'y aurait presque pas de fruits ni de légumes. Contrairement à d'autres pollinisateurs, seule l'abeille domestique fait preuve de « fidélité florale » à l'égard des fleurs les plus disponibles à un certain moment, comme le pommier, le poirier, le colza ou encore le pissenlit, favorisant ainsi leur fécondation et donc, leur fructification.

équilibre. Par exemple, la pollinisation est assurée par les insectes ou le vent. Les insectes vivent à leur tour du pollen et du nectar des fleurs. Chacun aide l'autre. Plus la diversité est grande dans un système, comme c'est le cas de la forêt, plus celui-ci est stable. Il en sera de même à l'échelle de votre jardin. Plus un jardin héberge de plantes, d'arbustes et d'arbres, plus il peut abriter d'espèces animales interdépendantes, complémentaires et en bonne santé. Pour favoriser la plus grande biodiversité possible, votre jardin doit ainsi contenir des plantes annuelles, des vivaces, des arbustes et des arbres à floraison précoce et tardive.

>> *En permaculture, on considère qu'un réseau existe lorsque se crée le plus grand nombre possible d'interactions bénéfiques et qu'existent des habitats pour les espèces végétales et animales locales menacées.*

Certains sont plus utiles que d'autres

Plus les interconnexions et réseaux sont grands, plus riche est la biodiversité.
Il faut cependant savoir que certaines espèces végétales sont plus utiles que d'autres.
Par exemple, le très populaire forsythia n'apporte rien aux animaux car il ne produit ni pollen, ni nectar. En revanche, le cornouiller mâle (*Cornus mas*), le prunellier (*Prunus spinosa*), l'aubépine (*Crataegus*), ou encore le saule Marsault (*Salix caprea*) sont très utiles aux abeilles. Le prunellier fournit le gîte et le couvert à environ 140 espèces animales, les saules à plus de 200 d'entre-elles...

Comprendre les relations de cause à effet

Il est également important de comprendre que la cohabitation d'espèces animales et végétales très différentes — dans et au-dessous du sol — joue un rôle essentiel. Les racines des plantes sont en relation directe avec les tiges.
Les racines sont « informées » des minéraux et autres éléments dont les tiges ont besoin.
Inversement, les tiges communiquent leurs besoins et leur état aux racines.
   Avez-vous un arbuste, un rosier ou un arbre toujours infesté de pucerons ? Ce n'est pas un problème. Les pucerons ont 37 « ennemis » qui ne demandent possiblement qu'à intervenir.
Par exemple, les fourmis nourrissent leurs larves avec des pucerons. Sans pucerons, les fourmis auraient moins à manger.

◀ Les pucerons apparaissent surtout au printemps. L'ortie, le tabac (*Nicotania*) ou une solution de savon noir les combattent sans nuire aux abeilles et autres insectes.

Évitez les problèmes

L'apparition massive de pucerons indique une erreur d'origine humaine. Des pucerons qui infestent toujours les mêmes plantes trahissent un problème cultural : vous avez peut-être choisi la mauvaise variété, l'emplacement n'est pas adapté ou vous avez mis trop d'engrais. L'excès d'engrais peut provoquer une pression intracellulaire excessive. Les cellules, qui ont grandi trop vite, ne parviennent plus à contenir cette pression : la plante exsude de la sève sucrée qui attire et nourrit les pucerons. S'il existe aussi des périodes où les conditions météorologiques favorisent les pucerons, nous sommes généralement la cause de l'invasion.

N'employez jamais d'insecticides contre les pucerons ou les fourmis car les insecticides tuent aussi leurs ennemis ainsi que bien d'autres insectes utiles, notamment les abeilles. Essayez plutôt de les chasser avec un puissant jet d'eau. D'après ma longue expérience, observer et attendre patiemment que les pucerons disparaissent d'eux-mêmes suffit.

De manière générale, je vous conseille toujours de tenter de prévenir le problème en installant des nichoirs à oiseaux. Si les pucerons n'ont pas déjà été dévorés par d'autres prédateurs tels que les coccinelles, leurs larves, les syrphes et autres insectes présents dans un jardin naturel, ils n'auront alors plus aucune chance !

» *En cas d'infestation de pucerons, on étudie les paramètres, les interactions et les réseaux. Dans la plupart des cas, c'est le sol qui a été trop fertilisé et il faudra y remédier.*

Éléments de permaculture

Globalement, la permaculture est la science de la bonne gestion d'un système qui se développe spontanément à la manière d'une forêt vierge, où personne ne bêche, n'arrose, ne désherbe ni ne fertilise. Tant que nous n'intervenons pas, la forêt vierge abrite une importante biodiversité. C'est celle-ci qui maintient l'écosystème en équilibre.

Ce principe est reproductible dans nos jardins : l'objectif majeur du jardinier est d'augmenter la biodiversité et de multiplier les plantes annuelles et vivaces. Il crée des lieux de vie pour les plantes et les animaux menacés. Pour économiser les ressources, je n'emploie que des matériaux provenant du jardin lui-même, qu'il s'agisse de terre, de compost ou de paillis. Ainsi, j'ai besoin d'un minimum d'apports extérieurs.

Les fondements philosophiques de la permaculture

Une des conditions les plus importantes pour travailler en permaculture est notre attitude face à la vie. L'amour de la nature ainsi que l'acceptation et le respect de tous les êtres vivants sont deux préalables essentiels.

Notre jardin est le reflet de nos préférences et du rapport au monde vivant auquel nous aspirons.

En permaculture, il devient un espace de vie destiné aux humains, aux animaux et aux plantes. Le droit à l'existence de tous les animaux et de toutes les plantes est reconnu. Cela signifie que nos interventions doivent correspondre à un plan. Si certaines plantes sauvages prennent le dessus, nous cherchons à les réguler et non à les éliminer. Il est important d'identifier chaque plante, de connaître et de mettre ses qualités à profit et si besoin, de l'intégrer dans le jardin. Il faut distinguer les plantes à racines superficielles et à racines profondes, savoir reconnaître les plantes médicinales et celles qui accumulent l'azote, le calcium, le fer ou le phosphore, ou encore celles qui dépolluent le sol. Dans la nature, chaque espèce remplit un rôle particulier, plantes et animaux se complètent.

La planification

L'objectif de la planification en permaculture est d'aboutir à la conservation et l'optimisation progressive d'un système autorégulé, qui nécessitera un minimum d'interventions pour rester durablement en équilibre dynamique. La satisfaction de nos besoins à court terme est conciliée avec ceux des générations futures. Le système doit toujours rester productif et adaptable.

>> *La Constitution suisse reconnaît 3 principes de protection des plantes, entre autres, le devoir de prendre en compte la dignité de chaque créature végétale. Le terme créature recouvre les animaux, les plantes et plus généralement, tous les autres types d'organismes vivants.*

◄ Tous les jardins devraient comprendre des habitats pour les insectes. Protégez votre hôtel à insectes des oiseaux gourmands avec un grillage placé à 4 cm de distance des tubes de ponte.

DU RÊVE À L'ACTION

De plus en plus de gens rêvent de fleurs, d'aromates, de fruits et de légumes sains. Cependant, les aspirations prennent souvent une place plus grande que la surface de terrain effectivement disponible. Une planification minutieuse ainsi qu'une connaissance des besoins et du développement de chaque plante sont nécessaires. Comment concrétiser nos envies de jardin naturel, et ce, de préférence en travaillant le moins possible ? L'avantage d'un jardin en permaculture est qu'il s'entretient lui-même tout en étant d'une grande biodiversité. Le jardin est une réalisation individuelle, il doit satisfaire des besoins esthétiques et écologiques tout en offrant assez de place pour les loisirs et le repos.

CONNAÎTRE VOS RICHESSES NATURELLES

Jardiner selon les principes de la permaculture suppose de commencer par une planification complète de son jardin et se poursuit par la mise en œuvre d'un ensemble cohérent de travaux qui évitent ensuite bien des gestes inutiles. L'interventionnisme est remplacé par une réflexion approfondie. Avant de faire quoi que ce soit, observez-le et voyez ce qu'il peut vous apprendre. Qu'est-ce qui y pousse déjà ? Qu'est-ce qui répond déjà aux principes de la permaculture ? Quelles plantes ont besoin d'être aidées ?

Savoir quelles plantes favoriser

Observez par exemple vos arbustes d'un œil critique. Combien y a-t-il d'espèces locales et/ou exotiques ? Combien d'espèces animales nourrissent-elles ou abritent-elles ? Le prunellier, l'églantier, le cornouiller mâle, l'aubépine, le sureau noir (*Sambucus nigra*) et bien d'autres ne fournissent pas seulement le gîte à des centaines d'animaux, ils donnent aussi des fruits, des fleurs, des tisanes et des desserts merveilleux et ce, du printemps jusqu'à la fin de l'automne. Beaucoup de ces fruits possèdent également des vertus médicinales. En permaculture, on cherche à créer des communautés végétales en associant des plantes pluriannuelles, telles qu'arbres, arbustes et vivaces, avec des cultures annuelles telles que salades, radis, herbes, fleurs et baies.

◂ À la fois délice et médicament, en sirop, en beignet ou en confiture, les fleurs et les baies de sureau soulagent grippe, rhume et bronchite.

>> *Les plantes compagnes forment avec les plantes cultivées des communautés végétales solides qu'il faut absolument conserver.*

▲ Le pissenlit est l'une des principales plantes médicinales. Tout est comestible : racine, fleur, feuilles et tige.

L'objectif est que le jardin, avec ses plantes annuelles et vivaces, s'entretienne lui-même et se stabilise durablement.

Les plantes sauvages au jardin

Les plantes sauvages doivent avoir leur place au jardin. Presque toutes sont médicinales, et même, comestibles et savoureuses. L'expression « mauvaise herbe » est irrespectueuse pour les plantes. Chaque plante prépare le sol pour d'autres plantes. Une fois que la plante a rempli sa fonction (par exemple l'ameublement du sol ou la remontée de minéraux), elle disparaît spontanément après quelque temps. C'est pourquoi le pissenlit, l'ortie, le trèfle et la mauve, pour les plus communes, sont appelés *plantes compagnes*. Une plante à enracinement profond comme le pissenlit ou l'oseille (*Rumex acetosa*) ameublissent le sol et font remonter des profondeurs des minéraux qu'elles restituent ensuite autour d'elles. Beaucoup de plantes font ainsi remonter des minéraux qui autrement seraient inaccessibles aux autres plantes.

Commencez par observer

En observant attentivement votre jardin, vous constaterez que de nouvelles plantes ne cessent d'apparaître et de disparaître spontanément. Si vous arrachez chaque plante sauvage dès qu'elle se montre, vous interrompez des processus biologiques importants comme l'homogénéisation du sol ou la remontée des minéraux. Les plantes sauvages sont souvent encore méconnues. En sarclant, le jardinier non averti n'a généralement pas conscience d'arracher une plante médicinale qui remplit un rôle précis pour le sol.

FAIRE LE PREMIER PAS

Le premier pas en permaculture consiste à observer attentivement et régulièrement votre jardin, tout au long de l'année. Notez quelles plantes poussent, où elles poussent bien et où elles poussent mal. Remarquez où se trouvent les lieux ventés, ombragés, froids ou secs, quelles plantes étrangères s'installent, et qui elles sont.

Observez les évolutions

Cette phase d'observation peut s'étaler sur une année. Prenez le temps, votre jardin vous surprendra ! De nouvelles plantes ne cessent d'apparaître qu'il faudra identifier. Des plantes printanières à floraison précoce comme l'éranthe d'hiver (*Eranthis hyemalis*), l'alliaire (*Alliaria petiolata*) ou encore la cardamine hirsute (*Cardamine hirsuta*) semblent, au début de l'été, avoir totalement disparu de la surface du sol. L'achillée millefeuille (*Achillea millefolium*), la brunelle (*Prunella vulgaris*), la bugle (*Ajuga reptans*) ou la vergerette annuelle (*Erigeron annuus*) prennent alors le relais dans les prairies. Contre le mur ou la clôture de la maison, s'épanouissent la chélidoine (*Chelidonium majus*), la benoîte (*Geum urbanum*) et la cardère (*Dipsacus fullonum*). Sous les arbustes poussent dès le printemps les corydales, les anémones (*Anemone nemorosa*), l'égopode podagraire, ou herbe aux goutteux (*Aegopodium podagraria*), les renoncules (*Ranuncus*) et le lierre terrestre (*Glechoma hederacea*). Dans les plates-bandes fleurissent le mouron des oiseaux (*Stellaria media*), les véroniques (*Veronica*) et les

◄ L'ortie est l'une des plantes les plus importantes. D'un vert tendre, elle est très polyvalente et ne doit pas manquer dans votre jardin.

Pendant la brève floraison des crocus et des éranthes d'hiver, d'autres plantes commencent déjà à pousser entre leurs magnifiques fleurs.

>> *Seule l'observation vous permettra de comprendre que les plantes choisissent très précisément à quel endroit elles poussent et qu'elles y ont une fonction bien particulière, bénéfique pour votre jardin.*

arroches (*Atriplex*). Et en plein été, ce sont encore d'autres plantes qui fleurissent dans les différents coins du jardin.

Apprendre à reconnaître les plantes indicatrices

Les plantes sauvages présentes vous donnent une bonne indication de la qualité de la terre de votre jardin. Par exemple, le mouron des oiseaux pousse sur les sols humifères, l'ortie indique un sol riche en azote et la renoncule préfère les sols plutôt acides. La seule présence de certaines plantes vous apprendra où votre terre est particulièrement fertile ou pauvre, alcaline ou acide.

Créez des habitats

Dans votre jardin, pensez également à créer des niches écologiques qui nécessiteront peu de travail et offriront un habitat aux animaux en danger, comme les abeilles solitaires ou les lézards. Par exemple, vous pouvez laisser une surface à l'état sauvage avec un tas de bois ou de pierres. Ces coins sont volontiers adoptés par les bourdons, les abeilles solitaires et les lézards, qui ont besoin d'un habitat désordonné et non perturbé. Un massif ensoleillé d'orties ou d'autres plantes sauvages est important pour les insectes. L'ortie est une plante vitale pour 60 espèces différentes, dont le papillon Paon de jour qui y pond ses œufs et dont les chenilles se nourrissent des feuilles.

L'importance des surfaces sans travail

Et si vous réduisiez la surface de pelouse qui exige tant de temps d'entretien ? La création d'une prairie de fleurs sauvages, avec au maximum 2 tontes par an, diminuera considérablement la charge de travail et vous épargnera, ainsi qu'aux voisins, le vacarme hebdomadaire de la tondeuse. De plus, une telle prairie ne manque pas de charme. Elle vous rappellera votre enfance, quand les marguerites, le compagnon blanc et le compagnon rouge, l'achillée millefeuille, l'aigremoine et l'eupatoire, les campanules, les œillets, le cerfeuil sauvage (*Anthriscus sylvestris*), les gueules-de-loup, l'ancolie et les centaurées n'avaient pas encore disparu des prairies. Cela vaut vraiment la peine de réserver une partie de votre jardin aux plantes et aux animaux sauvages. Vous serez étonnés de voir combien d'espèces de papillons, de libellules, d'abeilles sauvages et de bourdons viennent s'y installer.

◄ Toutes les Labiacées, comme la sauge, le thym, le romarin et la lavande, sont de véritables fontaines à nectar recherchées par les abeilles et autres insectes.

▼ Peuplées de marguerites,
de campanules, d'ancolies,
d'anthémis, de primevères,
de sauges des prés,
de bugles et de plantain
lancéolé, les prairies
de fleurs sauvages sont
redevenues un objet
d'admiration.

>> *Laissez environ le dixième
de la surface de votre jardin à
l'état sauvage. Les fleurs sauvages
pourvoiront les abeilles, les bourdons et les papillons en nectar
et en pollen.*

▸ SURFACE LAISSÉE À L'ÉTAT SAUVAGE AU JARDIN

Planté de digitales, d'orties,
de bouillon-blanc (*Verbascum thapus*),
de marrube (*Marrubium vulgare*),
d'ancolies, de géranium bec-de-grue
(*Erodium*) et d'aspérule odorante
(*Galium odoratum*), ce tas de pierres
constitue un coin sauvage peuplé
d'insectes, de lézards et de crapauds.

LES PREMIERS PLANS

Prenez le temps de planifier votre jardin : commencez par noter toutes vos réflexions et idées, sans autocensure. Laissez libre cours à votre imagination. Cette phase créative est non seulement divertissante, mais elle produit aussi des idées complètement inattendues.

Tenez un journal de jardin

Il est important de noter vos idées, vos envies et vos projets. Quand vous tombez sur une plante inconnue, cherchez son nom, d'où elle vient, si elle est utile aux abeilles et aux insectes, si elle donne des fruits comestibles, si c'est une plante médicinale ou toxique.

Faites des croquis de votre jardin et conservez vos idées et vos plans ; ainsi, vous pourrez toujours comparer vos nouveaux croquis avec les anciens. Il ne s'agit pas d'être un grand dessinateur, mais de donner forme à vos idées et de les faire évoluer. Les paysagistes professionnels ne procèdent pas autrement : c'est à partir d'idées apparemment sans intérêt que finit par jaillir un projet pertinent et affiné.

Listez vos questions

Vous avez repris un jardin à la végétation abondante, voire envahissante. Il contient des plantes sauvages que vous ne connaissez pas ? Son côté sauvage vous plaît, vous ne savez pas quoi en faire ? Cette végétation dense vous fait hésiter et vous n'osez pas y toucher ? Ou bien votre terrain est si petit que vous ne savez pas ce que vous pourrez y faire pousser, ni quels sont les coins les plus propices aux légumes, aux aromates ou aux fleurs ?

◀ Tenez un journal où vous noterez vos idées, vos envies et vos croquis. L'objectif n'est pas de devenir un bon dessinateur, mais c'est de ne rien oublier d'important.

▲ Voici l'exemple d'une végétation trop dense : trop grands et trop serrés, les arbustes et arbrisseaux font de l'ombre à tout le jardin. Un réaménagement est nécessaire, mais en tenant compte des plantes présentes.

Ces questions reviennent sans cesse dans mes séminaires. Les jardins sont trop grands ou trop petits, trop ombragés ou trop envahis, ou la pente est très forte. Le sol est trop dur ou trop humide, un arbre dans le jardin voisin lui fait de l'ombre. Par où et comment débuter la planification de tels terrains ? On s'aperçoit rapidement que le jardin n'a pas besoin d'être planté sur toute sa surface. Et n'oubliez pas : tous les jardins ont un potentiel d'évolution. Vous pouvez planifier tranquillement votre jardin entier, mais rien ne vous oblige à concrétiser toutes vos idées d'un coup.

》 *Chaque problème nous indique ses solutions, comme nous allons le voir ensemble dans le prochain chapitre.*

▶ SOL DE JARDIN PARCOURU DE RACINES

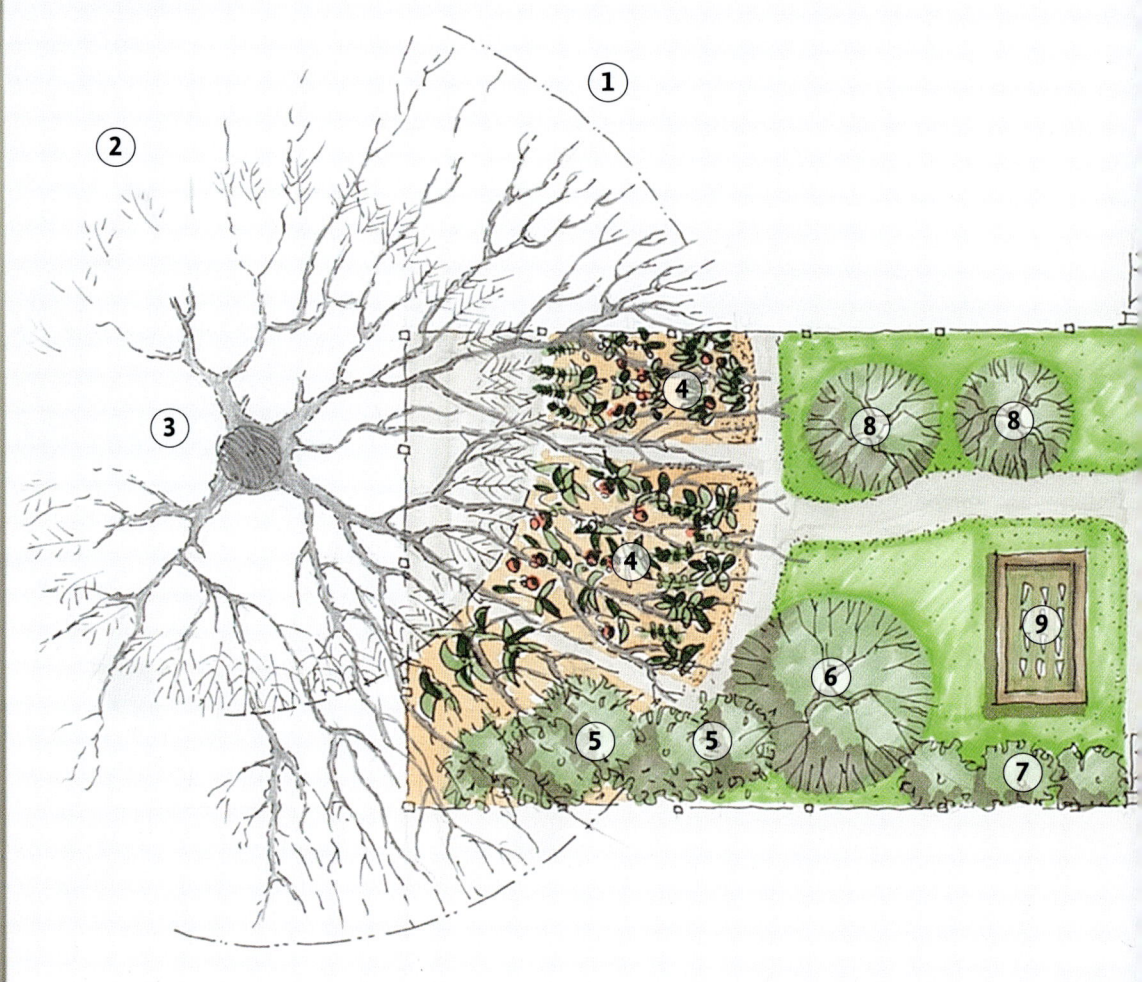

1. Circonférence de la couronne
2. Circonférence de la zone racinaire
3. Grand épicéa sur le terrain du voisin

4. Plantations dans la zone racinaire (en sol acide) : fraise des bois, myrtille, airelle, mesclun, chou-rave, myosotis, capucine, bruyères (*Erica*, *Calluna*), corydales (*Corydalis*, *Pseudofumaria*, *Ceratocapnos*), etc.

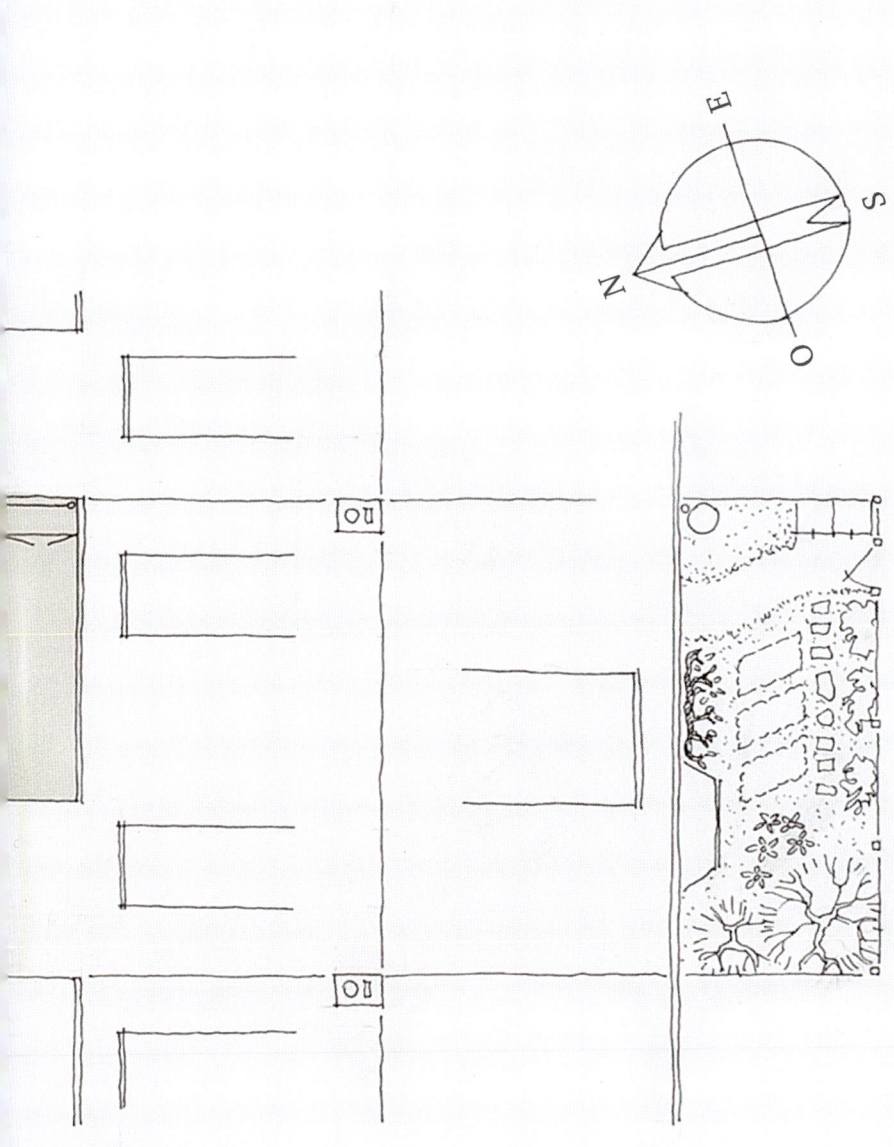

5️⃣ Framboises, mûres
6️⃣ Arbre fruitier
7️⃣ Groseille, groseille à maquereau

8️⃣ Arbres fruitiers de basse-tige :
poire, nectarine
9️⃣ Planche de culture surélevée :
légumes, cultures associées

LES PREMIÈRES TÂCHES INCONTOURNABLES

Tenez un journal de jardin

Notez vos observations sur votre jardin tout au long de l'année. Il s'agit principalement de dresser l'inventaire des plantes et des animaux déjà présents. À quel endroit telle plante pousse le mieux ? Quels sont les lieux particulièrement chauds, ensoleillés ou venteux ? À quels endroits le sol est-il sec, sablonneux, argileux ou détrempé ? Qu'est qui pousse bien ou moins bien dans ces lieux ? Observez l'ensoleillement et la position du soleil saison après saison.

Notez les plantes indicatrices

Un coup d'œil sur la végétation vous renseigne déjà sur le potentiel de votre jardin. Notez les coins du jardin ou des plantes sauvages poussent déjà, car elles témoignent de la nature du sol : la chicorée (*Cichorium intybus*) indique un sol dur et compacté ; avec sa profonde racine pivotante, elle aère le sol. En revanche, la vipérine (*Echium vulgare*) indique un sol pauvre, qu'il soit acide, alcalin ou neutre. Le mouron des oiseaux (*Stellaria media*) pousse sur les sols humifères et riches en nutriments, la renoncule préfère les sols acides. Notez ccs plantes indicatrices : elles vous montrent là où le sol est humifère ou riche en azote, là où il est calcaire ou argileux. Vous saurez déjà en quels lieux votre terre est particulièrement fertile ou pauvre, alcaline ou acide.

Faites la liste de vos envies

Pendant l'année, notez toutes vos envies et idées. Quelles herbes, quelles fleurs, quels arbustes et quels arbres aimeriez-vous voir dans votre jardin ? Voulez-vous cultiver aussi des légumes et des petits fruits ? Notez les besoins des plantes que vous aimeriez avoir et vérifiez qu'elles répondent aux principes de la permaculture, c'est-à-dire qu'elles apportent quelque chose aux autres plantes et aux animaux.

Pensez « interdépendances »

Chaque plante doit être un lien polyvalent entre tous les autres éléments du jardin. Un élément peut être un arbuste, un arbre, un buisson, une grande vivace ou une herbacée. Chaque élément doit à la fois être soutenu et soutenir plusieurs autres. C'est l'interdépendance.

Les arbres et arbustes ont une fonction première de coupe-vent. Ils sont parallèlement une grande source de nourriture pour les animaux, à chaque saison. Un unique pommier sauvage produit nectar, pollen et fruits. Parallèlement, il pollinise d'autres pommiers, produit de l'azote et fixe le carbone. Mais les arbres remplissent bien d'autres fonctions : les racines retiennent le sol, d'autres plantes s'installent à leur pied et forment des communautés végétales qui augmentent la biodiversité du jardin.

Ce n'est pas le nombre d'éléments — par exemple, le nombre d'arbres — qui fait la biodiversité, mais le nombre de relations positives entre eux. Chaque système a un impact positif sur la formation et la vie du sol ainsi que sur la biodiversité végétale.

▲ Le chénopode bon-Henri (*Chenopodium bonus-henricus*) est comestible et a une haute teneur en fer et en vitamine C. Il possède aussi des propriétés médicinales et tinctoriales.

PLANS CONCRETS – MODÈLES DE JARDINS

Quelques exemples de jardin vous aideront à comprendre les principes
de la permaculture et à les mettre en pratique à l'aide des conseils
de culture et d'aménagements développés dans les parties suivantes.
Vous retrouverez sûrement certaines caractéristiques de votre propre
jardin. Avant de planifier, il est important de repérer les points cardinaux : où se trouvent le nord, l'est, le sud et l'ouest sur votre terrain ?
Prenez le temps d'observer et de noter la végétation ainsi que la course
du soleil au fil des saisons. Pour vos croquis, utilisez une échelle précise.

LE PETIT JARDIN

Notre premier exemple est un petit jardin, comme il en existe beaucoup en ville : le petit jardin de maison mitoyenne, comprenant éventuellement un bout de terrain devant la maison. Le croquis de la page 40 réunit quelques idées de plantations adaptées à ce cas de figure.

État des lieux

Voici un jardin long de 15 m et large de 8 m. À l'exception d'un pommier, aucun arbre ni aucun arbuste n'y pousse. La surface utilisable pour les légumes et autres plantes est d'environ 80 m². Vous pourrez installer des buttes de culture, des arbrisseaux, des planches de culture surélevées et des plantes grimpantes. En été, le soleil est haut dans le ciel. L'ombre de la maison couvre la terrasse sur le côté nord de la maison. Les arbustes du voisin d'à côté font de l'ombre le matin ; en fin d'après-midi, ce sont ceux du voisin côté ouest.

Pour les plantes de chaleur, ce sont des facteurs décisifs, car elles ont besoin d'un ensoleillement important. Le meilleur emplacement pour elles est à l'extrémité du terrain, vers le milieu. De plus, en cas de présence de grands arbres, la partie sud du terrain est exposée à la concurrence des racines. Si ce sont des épicéas ou des pins, par exemple, leurs racines s'étendent sur plusieurs mètres dans toutes les directions (les épicéas comme les pins ont des racines superficielles, visibles à l'œil nu), à la mousse qui recouvre le sol et à la végétation éparse. Chez les arbres feuillus, la zone racinaire est au moins aussi large que la circonférence de la couronne.

◀ Les espaliers économisent de la place et font aussi office de brise-vue élégant. Cerise sur le gâteau, les fruits se récoltent sans peine.

Mes recommandations

Si votre terrain est parcouru de nombreuses racines, créez des cultures sur buttes ou des planches de culture surélevées. Les racines des légumes auront suffisamment de place et ne seront pas gênées par celles des plantes voisines. Les grandes vivaces, les herbes et les fleurs peuvent prendre place le long du carré de fraises, au pied des buttes ou sous les rosiers grimpants. Sous un pommier par exemple, la terre est dénudée dans un cercle de 2 à 2,5 m de diamètre. Vous pouvez y semer laitues, radis et soucis (*Calendula*). Le croquis de la page X illustre ce cas de figure. L'aire de compost doit se trouver en dehors de la zone racinaire de l'arbre. Elle doit toutefois être ombragée par ce dernier ainsi que par les arbres des voisins.

Pour les allées qui desservent les parcelles, les buttes et la pergola, utilisez du broyat de bois, par exemple. Les dalles de jardin coûtent cher, demandent du travail et sont superflues dans un petit jardin, qui doit se rapprocher le plus possible de la nature.

Pensez à long terme

Dans l'organisation de votre jardin, prévoyez dès à présent un coin détente avec, par exemple, une pergola sur laquelle grimpera une vigne et d'où vous pourrez admirer le coucher du soleil. Si vous ne la construisez pas toute de suite, vous pourrez y installer une table avec des chaises ou la cultiver provisoirement.

Avant de choisir l'implantation des arbres et arbustes, imaginez toujours comment leur ombre se projettera dans la journée et lorsqu'ils auront atteint leur taille adulte.

▲ Les secteurs du jardin parcourus de racines, sous les épicéas par exemple, sont particulièrement propices à un jardin de bruyères (*Erica* et *Calluna*), d'airelles et de myrtilles (*Vaccinum*), d'ancolies, d'azalées (*Rhododendron*), de cyclamens et de diverses espèces de mousses.

Pensez verticalement

Si vous souhaitez être aussi autosuffisant que possible, vous allez devoir faire preuve de créativité, en particulier dans un petit jardin où l'ombre des arbres et des bâtiments voisins laisse peu de place aux cultures sur buttes : c'est le moment de « prendre de la hauteur ». Même un petit jardin ne doit pas apparaître comme un espace unique.
Pour y parvenir, vous avez besoin d'une troisième dimension, la verticale. Celle-ci doit être prévue et dessinée à l'avance.

Pensez « volumes »

Les pommiers ou les poiriers en espalier occupent très peu de place. Un espalier permet d'embellir ou de camoufler l'aire de compostage. Des haricots à rame, aux pieds desquels poussent de la sarriette, de l'origan, des soucis ou des capucines, sont une autre façon d'optimiser un jardin. Les petits pois doux grimpent très bien sur un grillage ensoleillé en compagnie de pois de senteur. Les faces sud et ouest de la cabane de jardin pourront accueillir des arbres fruitiers en espalier. Les groseilliers et cassissiers de haute-tige prennent très peu de place et permettent de cultiver à leurs pieds des plantes à racines superficielles comme le fraisier, le pourpier, la mâche, le lierre terrestre et bien d'autres plantes médicinales encore. Un agencement astucieux vous permettra ainsi d'optimiser le moindre espace et d'augmenter la biodiversité.

Tirez partie des éléments à priori gênants

S'il y a dans votre jardin une souche d'épicéa ou de pin, tirez-en partie plutôt que de l'arracher. En permaculture, nous cherchons toujours à créer du neuf à partir de l'existant, avec aussi peu de travail et de ressources extérieures que possible. Dans le milieu acide qu'est la zone racinaire, apportez un peu de terre provenant, par exemple, de taupinières et incorporez-y du compost. Ou bien utilisez des pierres, du sable et de la terre pour créer une plate-bande présentant des ondulations. Les plantes acidophiles telles que le fraisier des bois ou le fraisier des quatre saisons s'y plairont particulièrement bien.

Ce genre de surface dont on ne sait souvent que faire, peut ainsi devenir un espace singulier, couvert par un tapis de fleurs et de baies accueillant bruyères, myrtilles, rhododendrons, azalées, fougères et cyclamens blanc et rouge. Beaucoup de ces plantes, comme les callunes et les ericas, ont une floraison prolongée et nourrissent les abeilles. Suivant les variétés, elles fleurissent à l'automne ou au printemps.

>> *Si, au lieu de penser seulement en termes de surface, vous pensez aussi en termes de volume, votre petit jardin s'agrandira très vite.*

▸ PLAN DE MASSE DU PETIT JARDIN

1. Réservoir à eau de pluie
2. Cabane de jardin
3. Table de travail
4. Pommier ornemental
5. Cornouiller mâle
6. Arbrisseaux à baies de haute-tige
7. Plantation de fraisiers
8. Pergola
9. Raisin blanc grimpant sur la pergola
10. Raisin rouge grimpant sur la pergola
11. Mauve et épine-vinette (*Berberis*)
12. Treillis supportant divers rosiers grimpants
13. Buttes de culture pour légumes tels que potiron, haricot, maïs, laitue et fleurs
14. Planche de culture surélevée pour légumes et fleurs
15. Aire de compostage
16. Orties
17. Prairie de fleurs sauvages

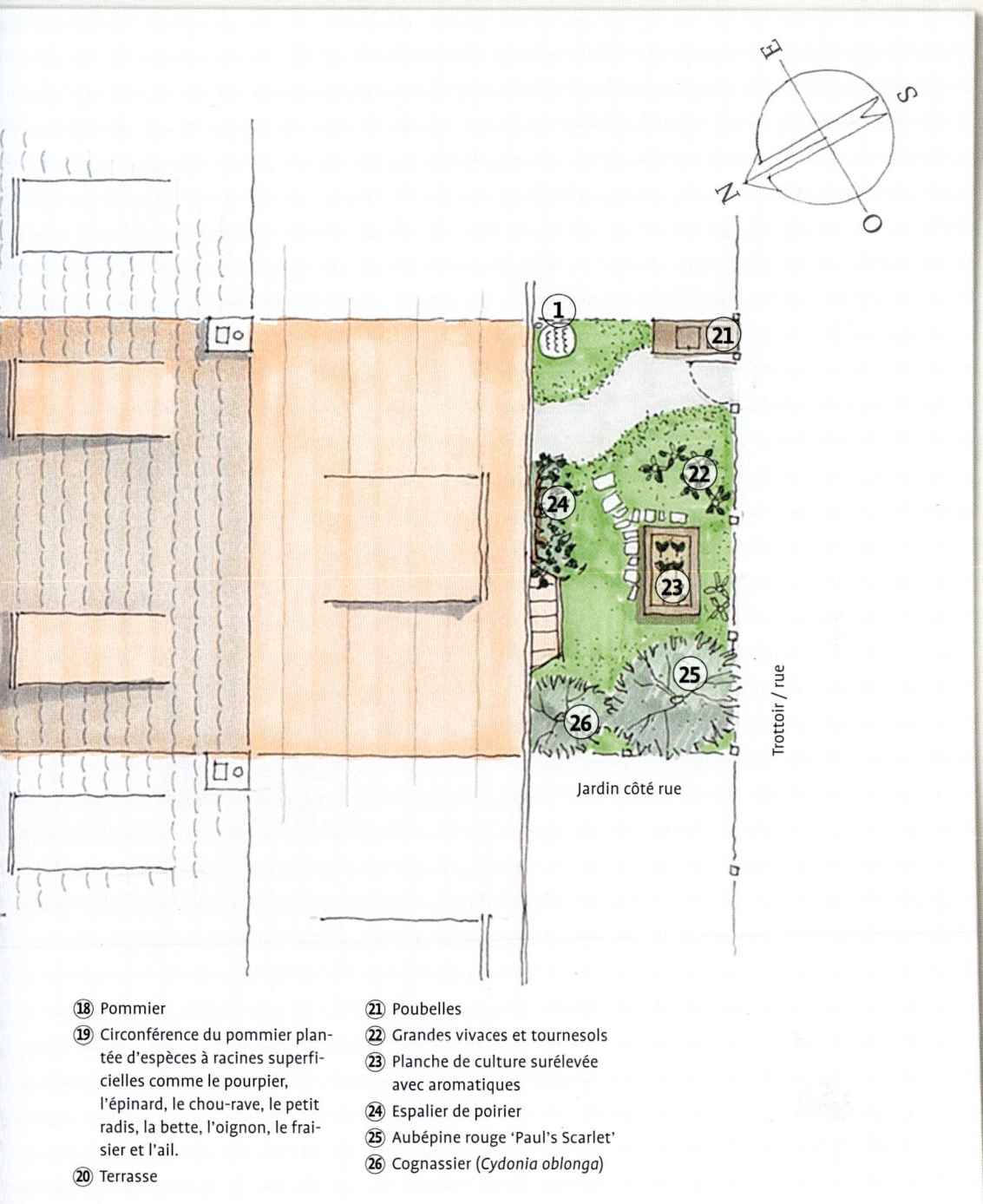

Trottoir / rue

Jardin côté rue

⑱ Pommier
⑲ Circonférence du pommier plantée d'espèces à racines superficielles comme le pourpier,
   l'épinard, le chou-rave, le petit
   radis, la bette, l'oignon, le fraisier et l'ail.
⑳ Terrasse

㉑ Poubelles
㉒ Grandes vivaces et tournesols
㉓ Planche de culture surélevée
   avec aromatiques
㉔ Espalier de poirier
㉕ Aubépine rouge 'Paul's Scarlet'
㉖ Cognassier (*Cydonia oblonga*)

► VUE GÉNÉRALE DU PETIT JARDIN

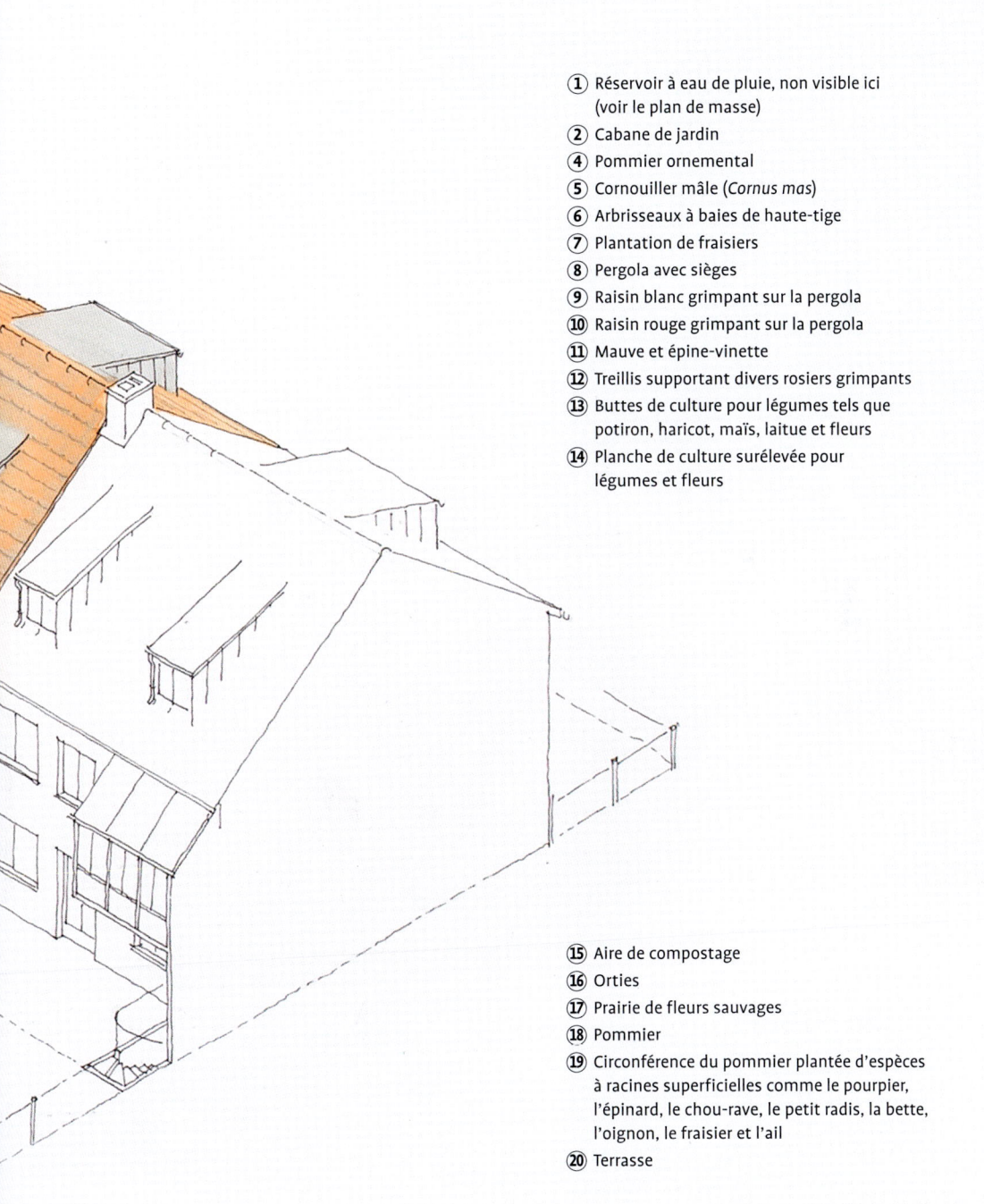

1. Réservoir à eau de pluie, non visible ici (voir le plan de masse)
2. Cabane de jardin
4. Pommier ornemental
5. Cornouiller mâle (*Cornus mas*)
6. Arbrisseaux à baies de haute-tige
7. Plantation de fraisiers
8. Pergola avec sièges
9. Raisin blanc grimpant sur la pergola
10. Raisin rouge grimpant sur la pergola
11. Mauve et épine-vinette
12. Treillis supportant divers rosiers grimpants
13. Buttes de culture pour légumes tels que potiron, haricot, maïs, laitue et fleurs
14. Planche de culture surélevée pour légumes et fleurs

15. Aire de compostage
16. Orties
17. Prairie de fleurs sauvages
18. Pommier
19. Circonférence du pommier plantée d'espèces à racines superficielles comme le pourpier, l'épinard, le chou-rave, le petit radis, la bette, l'oignon, le fraisier et l'ail
20. Terrasse

LE JARDIN INTERMÉDIAIRE : VERS L'AUTOSUFFISANCE

Dans cet exemple, on suppose que le jardin est ancien, qu'il n'est plus entretenu depuis longtemps et qu'arbres et buissons l'ont envahi. Avec une surface de 600 m², il offre suffisamment de place pour un potager.

◄ Un banc tout autour d'un grand arbre est à la fois très beau et original. Depuis ce poste, on profite pleinement du jardin.

Par rapport aux types d'aménagements déjà possibles au petit jardin, vous pourrez ici introduire serre et point d'eau et laisser plus d'espace aux arbres, aux allées fruitières, vous développerez les buttes et vous créerez pourquoi pas une spirale aromatique et un toit végétalisé sur certaines composantes de la maison.

État des lieux

Pour commencer, faites l'inventaire complet des plantes et des arbres. Dans les vieux jardins, il n'est pas rare de trouver des variétés anciennes d'arbres fruitiers, à la fois résistantes, adaptées au lieu et souvent savoureuses. Conservez autant que faire se peut ces arbres précieux. Taillez-les pour leur éviter de dépérir. Tant qu'un arbre est en bonne santé, fleurit et donne des fruits, conservez-le et entretenez-le.

Mais si le jardin est envahi de cornouillers sanguins (*Cornus sanguinea*) et autres plantes produisant des rejets, je vous recommande de les enlever avec toutes leurs racines. Les érables, le hêtre, les saules, le noisetier et autres arbres se multiplient volontiers sur les surfaces non cultivées. Enlevez ces jeunes arbres avec leurs racines. Avec les branches

souples des cornouillers, des saules et des noisetiers récupérées à l'occasion, il est facile de fabriquer des bordures de plates-bandes. Ce faisant, vous suivrez ce principe de la permaculture : « réutiliser au lieu de jeter ».
Si votre parcelle est boisée, plantez en lisière. Si des phlox, des asters d'automnes et autres vivaces poussent sur votre terrain, vous pourrez les déplacer en fonction de vos projets.

Utilisez tous les espaces

Cette surface de jardin est bien adaptée si votre objectif est d'être autosuffisant en fruits et légumes et offre de nombreuses surfaces verticales. Le coin abrité entre le garage et la maison peut accueillir un abricotier, par exemple, ainsi qu'une vigne en espalier contre le garage. Le côté sud de la maison, protégé et chaud est idéal pour des espaliers de pêchers. Le côté ouest peut accueillir un espalier de poiriers. L'entrée depuis la rue, bien exposée au sud, peut être encadrée d'un double espalier de pommiers aux branches réunies en tonnelle. Rien qu'avec les espaliers, vous voilà déjà pourvu d'un beau verger.

Trouvez votre arbre « fétiche »

Le côté sud devant la maison peut être consacré à votre arbre « fétiche ». Il est important de choisir un arbre qui revêt une signification particulière pour vous, ce doit être votre arbre à vous. Je pense par exemple au robinier (*Robinia pseudoacacia*), au sorbier des oiseleurs (*Sorbus aria*), au noisetier de Byzance (*Corylus colurna*), à l'alisier torminal (*Sorbus torminalis*), au sorbier domestique (*Sorbus domestica*), à l'aubépine 'Paul's Scarlet' (*Crataegus* 'Paul's Scarlet') ou encore au catalpa (*Catalpa bignoioides*). Les arbres mentionnés sont des espèces à la fois belles et comestibles. N'oubliez pas d'anticiper la taille

▲ En été, le catalpa se couvre de magnifiques fleurs blanches que les abeilles, les bourdons et les papillons visitent avec assiduité.

définitive de l'arbre ainsi que celle de son ombre. Sur les terrasses à l'ouest et à l'est poussent des arbustes odorants comme le lilas, l'amélanchier, l'aubépine ou l'hibiscus (*Hibiscus syriacus*), entre lesquels de grandes vivaces fleurissent et nourrissent les insectes au printemps.

Des allées à grignoter

Bordées de divers arbrisseaux à baies de haute-tige occupant la verticale, l'allée traversant votre jardin deviendra une allée « à grignoter ». Puis les baies cèdent la place aux herbes et aux fleurs. L'allée mène à la serre, orientée au nord-ouest et entourée de tomates et de haricots. Quelques surfaces assez amples sont dédiées aux fleurs sauvages : abeilles, bourdons et papillons y trouvent toute l'année pollen et nectar. Sur le côté sud, aménagez un coin sauvage avec du bois mort, des pierres et une mare généreusement entourée de grandes vivaces et d'arbustes qui donneront des fruits comestibles.

▸ PLAN DE MASSE DU JARDIN INTERMÉDIAIRE

1. Tonnelle de pommiers en espalier
2. Arbre « fétiche », ici un robinier
3. Allée à grignoter avec des arbrisseaux à baies de haute-tige
4. Coin sauvage avec bois mort, pierres, mare, haie et orties
5. Planche de culture surélevée
6. Poiriers en espalier
7. Légumes et fleurs
8. Spirale d'aromatiques
9. Serre
10. Tomates sous abri (sorte de tente en polyéthylène)
11. Haricots à rame
12. Butte de culture
13. Planches de culture surélevées
14. Parterre de fleurs sauvages
15. Coin détente
16. Pergola avec glycine
17. Aire de compostage
18. Arbustes tels qu'hibiscus, aubépine et lilas
19. Cabane de jardin
20. Garage avec toiture végétalisée
21. Vigne en espalier
22. Abricotier

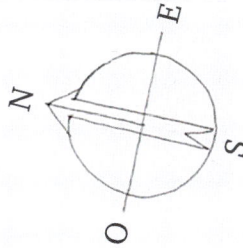

▸ VUE GÉNÉRALE DU JARDIN INTERMÉDIAIRE

① Tonnelle de pommiers en espalier
② Arbre « fétiche », ici un robinier
③ Allée à grignoter avec des arbrisseaux
   à baies de haute-tige
④ Coin sauvage avec bois mort, pierres,
   mare, haie et orties
⑤ Planche de culture surélevée
⑥ Poiriers en espalier
⑦ Légumes et fleurs
⑧ Spirale d'aromatiques
⑨ Serre
⑩ Tomates sous abri
   (sorte de tente
   en polyéthylène)

11 Haricots à rame
12 Butte de culture
13 Planches de culture surélevées
14 Parterre de fleurs sauvages
15 Coin détente
16 Pergola avec glycine
17 Aire de compostage
18 Arbustes tels qu'hibiscus, aubépine et lilas
19 Cabane de jardin, non visible sur
   la vue générale (reportez-vous au plan)
20 Garage avec toiture végétalisée
21 Vigne en espalier

LE JARDIN MODÈLE

Le dessin de la page 54 représente un jardin en permaculture destiné
à l'autosuffisance. Qu'est-ce qui le différencie des autres jardins ?
Il s'inspire totalement de la nature, de ses processus et de ses interactions.
Sa taille dépendra de vos objectifs.

« Réfléchissez avant d'agir »

Vous l'avez compris, lorsqu'on conçoit un jardin en permaculture, on ne se limite pas à ce qui nous intéresse directement (notre récolte de fruits), on se préoccupe aussi des interactions entre toutes les composantes du jardin. Il s'agit d'une approche holistique.

Dans le cas d'une maison et d'un jardin neufs, il faut prendre en compte une multitude d'aspects. Ayez une approche du « berceau-au-berceau », concept permaculturel pour dire « zéro pollution et 100 % recyclable ». Cela suppose d'utiliser des matériaux récupérés ou recyclés sans danger pour la santé et l'environnement. Pour la construction de la maison, accordez une attention particulière aux matériaux, envisagez des panneaux solaires, une serre adossée, un piège à soleil, anticipez la gestion de l'eau. Enfin, pensez à la biodiversité et à un usage sobre des ressources.

◀ Arbre mort avec une cavité où
des jeunes pics noirs se montrent
à l'entrée pour réclamer leur pitance.
Une telle observation dans un jardin
est un véritable coup de chance.

▲ Les baies de l'épine-vinette donnent une gelée acidulée.
On peut aussi les faire sécher en vue d'une consommation ultérieure,
elles resteront savoureuses et bonnes pour la santé.

Dans un jardin et une maison préexistants, la démarche est la même. Après un état des lieux initial, observez le jardin une année entière, comme nous venons de le voir dans les précédents chapitres. Avant de passer à l'action, faites la liste de vos envies et de vos besoins et choisissez les plantes annuelles et vivaces que vous comptez faire pousser.

Il n'est pas indispensable de modifier et de gérer en permaculture tous les secteurs du jardin d'un seul coup. Tous les jardins sont soumis à un changement constant. Nos activités et nos travaux ont une forte influence sur ce processus.

Apprendre à connaître chaque plante, ses besoins et les facteurs écologiques qui l'influencent vous épargnera beaucoup de travail. Un plus grand laisser-faire, des interventions ciblées ainsi que plus d'éléments sauvages

dans le jardin est une manière de jardiner dans l'esprit même de la nature. Sans ces connaissances et sans une attitude positive envers tous les êtres vivants, il n'est pas possible de travailler en permaculture. Nos conceptions sociales et philosophiques se manifestent aussi dans notre attitude envers le végétal et en particulier, les plantes sauvages.

Observer, une étape essentielle

La première étape de la planification consiste à observer le sol, le climat, le vent, les ombres et la croissance des plantes. Identifiez et notez toutes les espèces présentes de plantes, d'arbustes et d'arbres, ainsi que leur utilité pour le sol, les autres plantes, les animaux et l'homme. Avant d'arracher des plantes ou des arbres, identifiez-les et renseignez-vous sur leurs possibles usages. Tel arbre fera peut-être un excellent support à houblon ou à rosier grimpant ; ses cavités hébergeront oiseaux et écureuils... Le choix des fleurs, herbes, vivaces et arbres à planter dépend également de leur polyvalence : quels insectes, oiseaux ou autres vertébrés vivent de cette plante ? Ses racines sont-elles superficielles ou profondes ? Quels minéraux accumulent-elles, quelle action ont-elles sur le sol ? Comment peut-on utiliser ses fruits, ses feuilles et son bois ? Une fois l'état des lieux réalisé, apprenez quels arbustes ont une grande valeur en permaculture, comme l'amélanchier, et lesquels n'en ont pas, par exemple le forsythia. Les espèces à floraison précoce, comme l'aronia, l'aubépine, le cornouiller mâle et l'amélanchier, les espèces tardives comme les épines-vinettes ou le sorbier des oiseleurs, mais aussi les fruits à pépins et à noyaux comme le néflier et le mûrier (*Morus*), offrent des habitats variés aux oiseaux, avec qui nous partageons les fruits. De plus, toutes ces espèces ont rarement besoin d'être taillées et épargnent ainsi beaucoup de travail.

La taille du potager dépend à la fois du degré d'autosuffisance recherché et du temps que vous souhaitez y consacrer. Astuce : il doit pouvoir être agrandi. Commencez par une surface modérée et notez ou dessinez précisément ce que vous avez cultivé et où, afin de pouvoir faire une rotation des cultures l'année suivante. Notez également les quantités récoltées et les éventuels problèmes rencontrés avec tel ou tel légume ou un emplacement donné.

Des plantes à tout faire

Pour choisir les plantes à installer dans votre jardin, retenez celles qui sont les plus polyvalentes. Connaître les qualités des plantes est très utile en permaculture. Des soucis semés autour des planches de culture ou entre les légumes remplissent plusieurs fonctions :
- les insectes peuvent récolter pollen et nectar
- les soucis repoussent efficacement les limaces
- les soucis structurent la vie du sol grâce aux substances diffusées par leurs racines
- les pétales contiennent beaucoup de caroténoïdes et colorent joliment les salades
- on utilise les fleurs pour faire un baume (souvent plus connu sous le nom de baume de calendula) cicatrisant et antiseptique.

Une variété de secteurs utiles

Un secteur sauvage et intouché abritera et nourrira lézards, crapauds et insectes. En plus du coin à compost, n'oubliez pas un espace de détente et de repos harmonieux. Des planches de culture de formes variées, telles que buttes et planches surélevées, un piège à soleil et une mare procurent des habitats diversifiés, pour des plantes très variées. Tracez les allées desservant les lieux fréquemment visités, comme le coin à compost ombragé (près de la maison) et prévoyez des coins ensoleillés pour les herbes, les légumes et les fleurs.

▶ Avec les fruits précoces du cornouiller mâle, on fait des gelées riches en vitamines et des eaux-de-vie ou des liqueurs très fruitées.

▶ VUE GÉNÉRALE DU JARDIN MODÈLE

① Mare
② Terrasse
③ Pommier
④ Parterre de fleurs sauvages
⑤ Planches de culture surélevées
⑥ Serre adossée, véranda
⑦ Panneaux solaires
⑧ Spirale aromatique
⑨ Buttes de culture
⑩ Toiture végétalisée
⑪ Compost
⑫   Tas de bois mort
⑬ Rucher
⑭ Nichoirs
⑮ Piège à soleil : sorbier des
    oiseleurs, pommier sauvage
    (*Malus sylvestris*), prunellier, lilas,
    aubépine, cognassier, cerisier,
    sureau, cornouiller mâle, rosier,
    hamamélis
⑯ Petits fruits : framboisier,
    groseillier rouge, groseillier
    à maquereaux
⑰ Pergola supportant vigne ou kiwi
⑱ Arbres fruitiers en espaliers
⑲ Haies de petits fruits

LES ÉLÉMENTS D'UN JARDIN EN PERMACULTURE

La surface du terrain, vos préférences et votre créativité sont trois dimensions déterminantes pour la conception de votre jardin, y compris pour le choix de la forme des planches de culture. La nature ne connaît ni parterres ni lignes droites. Mais elle nous révèle l'existence de lisières, de clairières et de pièges à soleil. Les parterres classiques, relativement « stricts », nous viennent de la tradition des monastères. En permaculture, les éléments structurants sont les spirales aromatiques, les haies de fruits sauvages, les murets de pierres sèches, les tas de bois et les petits jardins d'eau. Ce chapitre vous aidera à les intégrer dans votre jardin.

DIVERSES FORMES DE PLANCHES DE CULTURE

La permaculture travaille avec différentes formes de planches de culture, choisies en fonction de leur emplacement dans le jardin.

Par exemple, plus le jardin est petit et plus les buttes de culture sont intéressantes car elles augmentent d'environ un tiers la surface cultivée.

Une solution pour chacun

Les planches de culture surélevées (p. 70) sont une bonne solution quand il y a beaucoup de racines dans le sol, ou encore, dans un jardin très ombragé. Elles permettent aussi de créer des espaces différents.

Dans les très grands jardins, des dépressions protègent les plantes de la chaleur. C'est une pratique traditionnelle à Lanzarote, l'une des îles Canaries, où la chaleur et l'humidité sont stockées dans des cratères (p. 60). Ces dépressions ont leur utilité dans les grands terrains dégagés, pour cultiver des plantes thermophiles comme le maïs, les céréales, l'artichaut, les courges ainsi que des aromatiques comme le thym, l'hysope (*Hyssopus officinalis*) et le romarin. Les bordures sont en pierres ou en rondins.

On peut leur donner une forme circulaire, ovale ou lenticulaire. Les cratères ne conviennent pas aux petits jardins, car leur diamètre mesure au minimum 3 m.

Certains préfèrent les ronds

Si vous n'aimez pas les formes rectangulaires, utilisez des cercles ou des demi-cercles. Les formes organiques et douces flattent l'œil. Une planche de culture circulaire peut être partiellement surélevée. La bordure et les allées intérieures sont faites de grandes pierres qui accumulent la chaleur pendant la journée et la restituent aux plantes pendant la nuit. Le long de la maison, des plates-bandes en demi-cercle associées à des arbres en espalier forment des cultures colorées et diversifiées.

Bill Mollison utilisait surtout des parterres en forme de trou de serrure ou de mandala (pages 62 et 64). Avec leur entrée en trou de serrure, les premiers sont accessibles depuis leur centre. On peut leur donner une forme ronde ou allongée. Ainsi, il est plus facile de travailler les plates-bandes et on perd moins de surface cultivée.

Les trous de serrure sont intéressants pour les cultures associées, raison pour laquelle ils étaient autrefois courants dans les jardins abbatiaux. C'est une forme qui convient aussi pour des buttes de culture de hauteur modérée. Le mandala a une forme circulaire et des allées rayonnant à partir du centre, ce qui crée de nombreuses bordures et allège beaucoup le travail. Autre solution : une bordure avec des avancées et des retraits donnera à vos parterres une forme vivante.

▶ Cultures en cratère à Lanzarote : les bordures en pierre basaltique coupent le vent et la cuvette fournit une protection supplémentaire aux plantes thermophiles, ici de la vigne.

▸ CRATÈRE

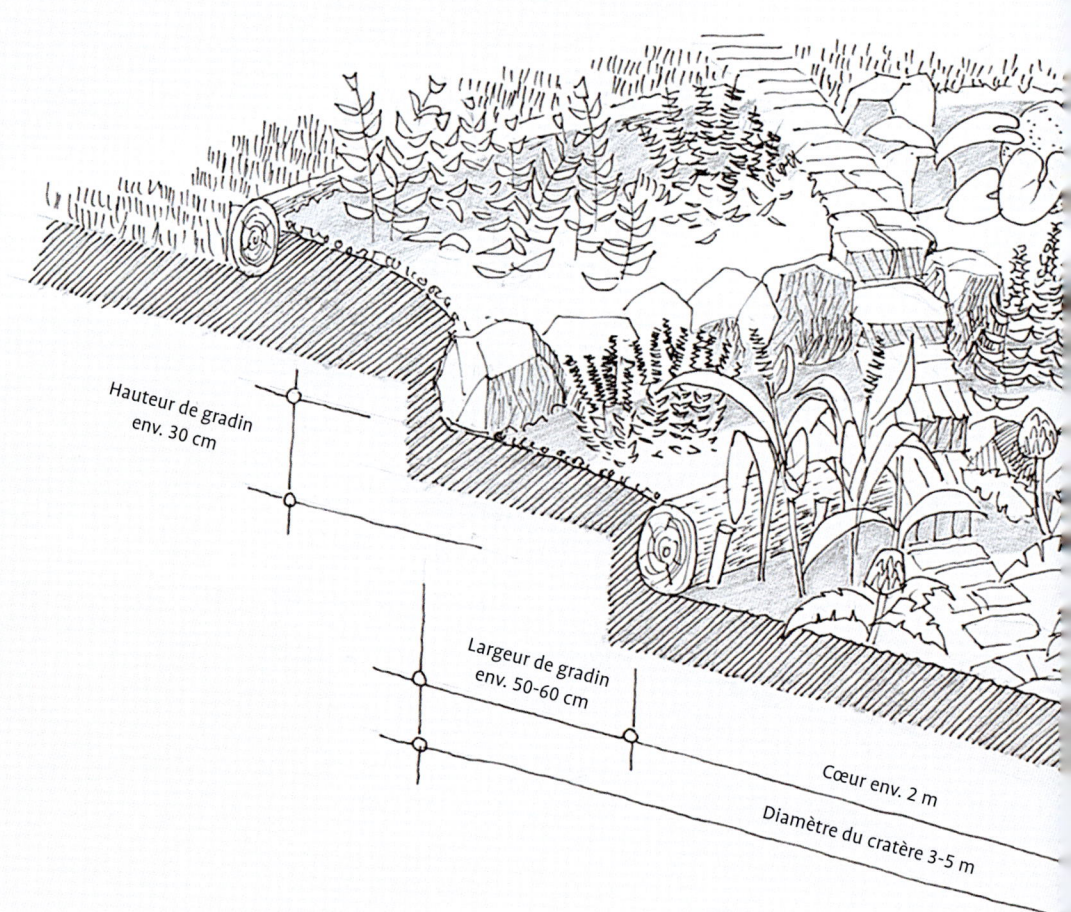

Hauteur de gradin
env. 30 cm

Largeur de gradin
env. 50-60 cm

Cœur env. 2 m

Diamètre du cratère 3-5 m

▸ **TROU DE SERRURE**

1. Piège à soleil avec arbustes
2. Arbres fruitiers et haie de fruits sauvages : aubépine, cognassier du Japon, épine-vinette, amélanchier, sureau noir et sureau à grappes (*Sambucus racemosa*), rosiers
3. Planches de culture : cultures associées de légumes et de fleurs, plantes hautes au fond et plantes basses au premier plan
4. Bordure en pierre, hauteur env. 30 cm, diamètre total env. 3 m

▸ MANDALA

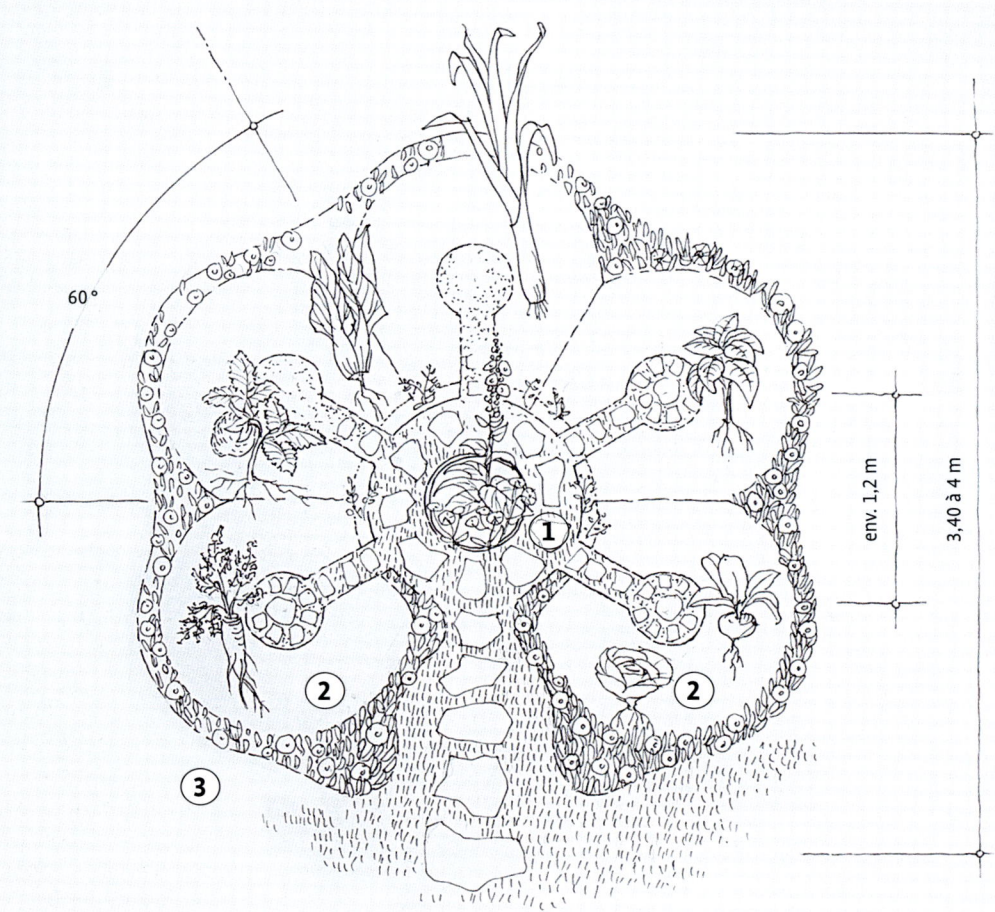

1. Rond central avec une onagre bisannuelle
   (*Oenothera biennis*)
2. Planches de culture individuelles associant variétés anciennes de légumes,
   plantes médicinales, baies et fleurs
3. Bordure extérieure du mandala plantée
   de soucis qui jouent le rôle de barrière
   contre les escargots

Au centre, un mandala

Le parterre en trou de serrure préfigure déjà un mandala. Un mandala est une forme venue du bouddhisme mais qu'on retrouve aussi dans d'autres cultures. Il est censé aider l'esprit à se tourner vers l'intérieur. Il repose sur un ordre géométrique strict. Structure et ordre sont la base de notre univers et émergent à un certain moment, se métamorphosent puis donnent naissance à une autre forme d'ordre.

Les parterres en mandala sont dirigés vers un centre auquel mènent les allées provenant des quatre points cardinaux. Le centre peut être marqué par une source, une fontaine ou une plante particulière. Le cercle symbolise l'ordre parfait : il n'a ni commencement, ni fin, il représente le tout, l'harmonie et l'équilibre.

Comme un labyrinthe, le mandala favorise la concentration et le retour vers le monde intérieur.

>> *Un mandala est généralement carré ou circulaire et toujours orienté vers son centre. Il incarne ainsi l'univers avec le ciel, la terre et le monde d'en bas.*

Les buttes de culture résistent mieux

J'ai construit ma butte de culture le long d'une palissade protectrice faite de planches épaisses. Longue de 8 m, large de 1,5 m et haute de 0,8 m, cette palissade est située du côté nord et la butte est exposée au sud. J'ai commencé par enlever la couche d'herbe, puis j'ai creusé une tranchée de 50 cm de profondeur en déposant chaque couche de terre ou « horizon » à part sur une bâche en plastique. Cette étape est importante afin de ne pas mélanger les horizons par la suite. L'horizon supérieur humifère, en particulier, reconnaissable à sa couleur sombre, ne doit surtout pas être mélangé aux autres. L'idée de cette forme particulière de butte m'est venue car je manquais de place dans mon jardin et que j'avais malgré tout envie de pouvoir disposer de plus de surfaces cultivables.

Le matériau de remplissage

J'ai rempli la tranchée de segments parallèles de troncs d'arbres de 1 m de long et jusqu'à 40 cm de diamètre. Les troncs sont recouverts de branches et de feuilles, les espaces sont remplis avec les horizons de terre inférieurs. Le tout doit être bien compacté pour éliminer toute poche d'air importante entre les éléments de remplissage. Un mélange de compost, de fumier et de poudre de roche compose la couche suivante, que je recouvre avec les plaques d'herbe, racines tournées vers le haut. Pour finir, je répands régulièrement l'horizon humifère mélangé à de la poudre de roche. Pour éviter le lessivage par la pluie, on peut recouvrir la butte de tonte de pelouse, de foin ou de feuilles.

Fini l'arrosage !

Mon but principal, en créant cette butte, était de ne plus avoir à arroser. En 13 ans, elle n'a pas reçu une seule goutte (sauf la pluie), ce qui n'empêche pas toutes sortes de plantes de s'y épanouir : fleurs de printemps, cerisiers, groseilliers, houblon, rosiers grimpants, vivaces d'été comme le phlox ou le géranium bec-de-grue, pommes de terre, fraises et diverses plantes sauvages telles que pissenlit et ortie.

Vous vous demandez sûrement comment c'est possible ? Ma réponse : les troncs épais stockent l'eau. Même au cours de l'été canicu-laire de 2003, je n'ai pas arrosé au cours des six semaines de sécheresse. J'avais planté des pommes de terre. Pendant la journée, elles avaient l'air plus mortes que vives. Le matin suivant, elles s'étaient requinquées, puis elles se fanaient complètement dans la journée. Ce jeu se répétait tous les jours, mais j'ai tenu bon dans mon expérimentation. On m'a même offert un tuyau d'arrosage pour mettre fin à leur supplice. À l'automne, quelle ne fut pas ma surprise ! Je n'avais encore jamais vu de pommes de terre aussi grosses et aussi douces. Il faut parfois s'endurcir pour aller au bout de ses essais.

▲ Sur une butte, les pommes de terre n'ont pas besoin d'être buttées. Vous économi-sez ainsi un temps précieux que vous pourrez passer à profiter de votre jardin.

◀ Buttes de culture à grande échelle. Les tonnelles grillagées pour les courges augmentent la surface utile, me permettant d'exploiter la verticalité.

Le bois stocke de grandes quantités d'eau de pluie, absorbe l'eau des couches de sol sous-jacentes et la restitue aux racines. Ainsi, les plantes n'en manquent jamais, même en plein été. La surface de la butte est continuellement paillée avec des restes de plantes, afin de limi-ter l'évaporation. D'une manière générale, la butte est toujours recouverte de feuilles, de tontes de pelouse et de broyat de bois pour maintenir le sol humide.

Une culture associée sur butte mêlant légumes, fleurs et plantes médicinales produit des plantes, un sol et des consommateurs en bonne santé.

Les buttes de culture ne coûtent rien, contrairement aux planches de culture surélevées, mais elles remplissent la même fonction. Les buttes demandent un peu plus de travail, car il faut préalablement enlever la couche d'herbe.

>> *On peut créer des petites buttes presque partout pour s'économiser la corvée d'arrosage.*

▸ BUTTE CONTRE UN MUR EXPOSÉ AU SUD

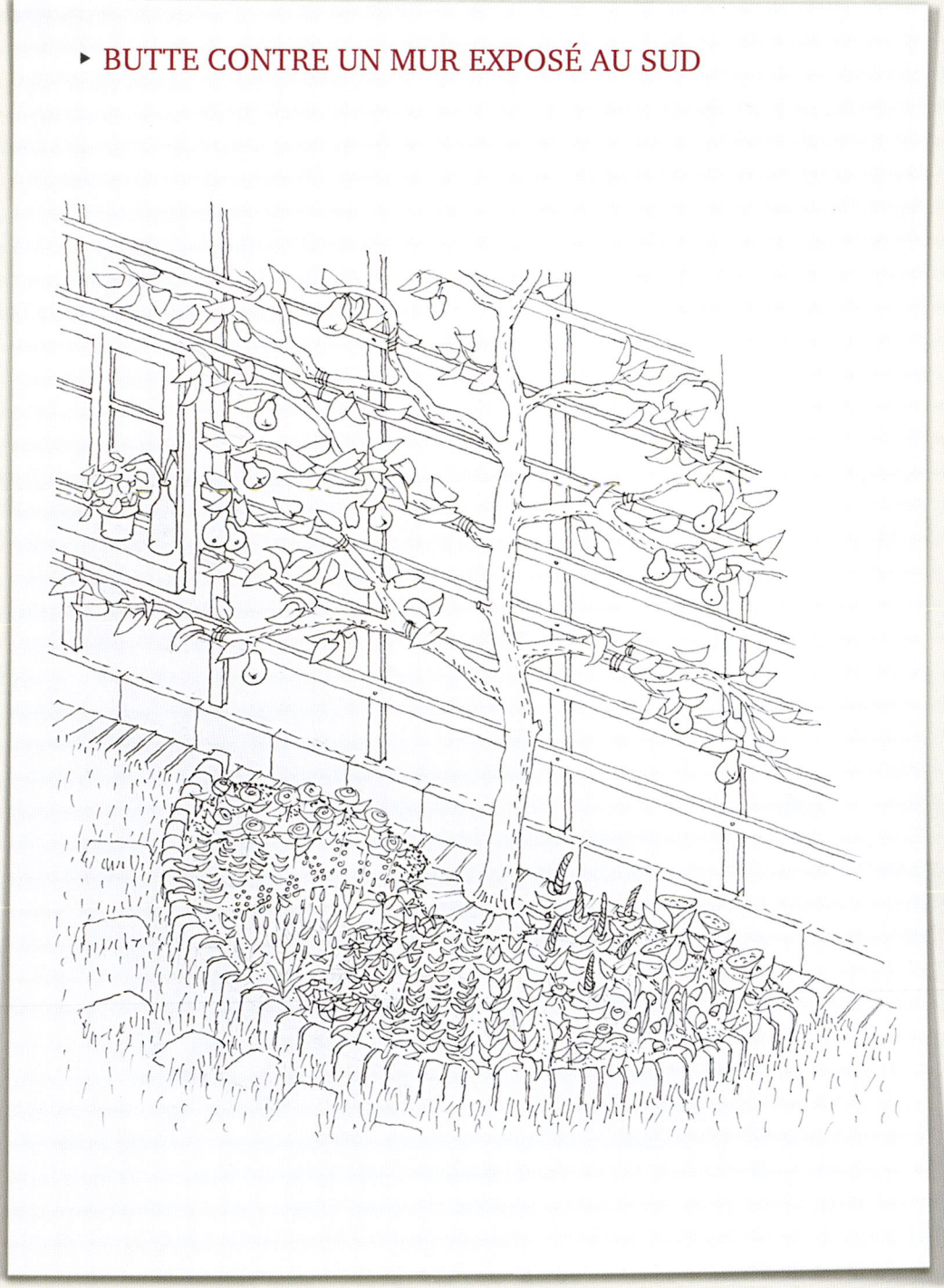

Planches de culture surélevées

Les planches de culture surélevées sont très utiles dans certaines situations. Elles permettent de créer des planches sur les sols envahis de racines ou trop ombragés. Bien conçues, elles agrémentent joliment les petits jardins. Elles ont aussi l'avantage d'être faciles à travailler par les personnes âgées ou handicapées. Ces planches peuvent être rectangulaires, mais aussi rondes. Cette dernière forme dépend de la taille du jardin et des autres plantations : elle doit pouvoir s'y insérer harmonieusement. Un cercle ouvert peut donner une touche d'originalité à un jardin, un peu comme un piège à soleil.

Le remplissage d'une planche surélevée suit la même procédure que pour une butte, si ce n'est qu'on n'enlève pas la couche d'herbe.

On construit d'abord la bordure, qu'on remplit ensuite de segments de tronc, de branches et de rameaux serrés puis compactés. Pour finir, on verse un mélange de feuilles, de compost, de terre de jardin et de corne broyée. Choisissez un emplacement suffisamment ensoleillé.

L'exemple de la nature

Dans la nature, il n'y a pas de planches de culture linéaires telles qu'on les retrouve fréquemment dans les potagers traditionnels. Pourtant, elle présente une biodiversité incroyable qui se modifie constamment au fil des décennies, sans notre intervention. Certains jardiniers ont parfois l'impression de ne plus maîtriser ce qui se passe dans leur jardin. Des planches de culture linéaires et bien délimitées dans lesquelles ne pousse aucune plante sauvage sont à la fois le résultat et le principe même d'un mode cultural (et d'une Culture) qui veut contraindre le « chaos » supposé. Je trouve ces jardins ordonnés bien ennuyeux.

>> *Attention, les buttes de culture et les planches surélevées nécessitent une grande quantité de matériaux.*

▲ Pourquoi ne pas créer une bordure en matériaux recyclés ? Les formes rondes confèrent énergie et harmonie au jardin.

◄ Vous pouvez choisir la hauteur des planches de culture en fonction de vos besoins paysagers. Le jardin sera ainsi plein de mouvement et n'aura pas l'air figé. Une petite planche surélevée bordée de tiges de saules s'insère très bien dans un petit jardin.

LE PIÈGE À SOLEIL

Les bosquets d'arbres et les haies sont des pièges à soleil naturels qui, par leur seul agencement intelligent, coupent le vent et accumulent la chaleur. Il est tout à fait possible d'en créer un dans votre jardin.

Règles de construction

Un piège à soleil doit toujours être orienté au sud, comme un U ouvert au soleil qui en capturera les rayons de son lever à son coucher, sans interruption. Le piège peut être bordé par de grandes vivaces, un muret de pierres sèches ou une palissade en bois. Il peut aussi être délimité par une haie d'arbres ou d'arbrisseaux. Au sommet du piège, c'est-à-dire en son point le plus au nord, se trouvent les arbres ou arbustes les plus hauts. Les côtés sont plantés d'arbrisseaux ou de vivaces de plus en plus petits.

La hauteur des arbres et/ou des arbustes dépend de la surface du jardin. Plus celui-ci

est petit et plus ils doivent être bas. Les plantes à baies, le cognassier du Japon, l'épine-vinette et l'aronia sont de bons arbustes de bordure.

Cette disposition procure plus de chaleur et d'énergie aux plantes installées à l'intérieur du piège. Dans un grand jardin, une mare implantée un peu au sud du piège réfléchira encore un supplément de lumière et de chaleur en direction des plantes et des pierres.

Élaboration

Mesurez la surface que votre piège occupera dans le jardin. Reportez vos croquis dans votre journal, sur le plan, à l'échelle du jardin. Si vous savez déjà quels vivaces, arbustes à baies et arbres vous souhaitez planter dans le piège, vérifiez qu'ils ne sont pas ou ne deviendront pas trop grands. Dessinez à l'échelle la surface définitive que chaque plante occupera.

Plus le jardin est grand et plus les plantes bordant le piège à soleil peuvent être hautes. Intégrez dans votre piège aubépine, lilas, sureau noir et sureau à grappes, rosier, troène, amélanchier, sorbier des oiseleurs, pommier d'ornement ou épine-vinette. Des pierres augmenteront son efficacité, en particulier les pierres sombres et le grès. Les pierres accumulent la chaleur pendant la journée et la restituent aux plantes pendant la nuit. Le microclimat ainsi créé se caractérise par des fluctuations de température moins fortes et plus favorables à la croissance des plantes. Dans un petit jardin, le piège à soleil peut être un simple muret de pierres sèches couronné de plantes aromatiques thermophiles.

▲ Thym en pleine floraison couronnant un muret de pierres sèches : les herbes aromatiques et les diverses espèces de sédums apprécient ce genre de milieu.

◄ Ce petit muret en pierres stocke la chaleur de la journée pour le plus grand bonheur des plantes de chaleur.

Piège à soleil sous un arbre solitaire

Si votre jardin abrite un grand arbre solitaire qui fait de l'ombre à tout le reste, il est peut-être possible de créer une surface de culture grâce à un piège à soleil d'un genre particulier, idéal même dans les très petits jardins dépourvus d'autres surfaces cultivables. Il s'agit d'utiliser la surface circulaire autour du tronc correspondant à la projection au sol de la couronne de l'arbre. Sous un grand arbre, ce cercle peut avoir un diamètre de plusieurs mètres.

Une conception rigoureuse

Dessinez le cercle de l'arbre et divisez-le en anneaux concentriques. Indiquez le nord. Pour vous aider à choisir vos plantes, sachez que le sol ne doit pas être remué à proximité du tronc des arbres à enracinement superficiel comme le pommier, car cela risquerait de blesser les radicelles. Cela concerne une zone de 1 à 2 m de rayon autour du tronc.

Un cercle de 7 m de diamètre offre une surface de 38 m², et un cercle de seulement 5 m de diamètre, une surface de 20 m². En créant des buttes concentriques à l'intérieur du cercle, la surface cultivable augmente encore significativement.

Avant d'installer vos cultures, étouffez la couche d'herbe en paillant le cercle sur une épaisseur d'environ 20 cm. Pour le paillage, employez du broyat de bois ou des tailles de plantes ou d'arbustes, mais surtout pas d'écorce. Le paillage laisse passer l'eau et l'oxygène et stimule la vie du sol. Vous pourrez ensuite cultiver des plantes à enracinement superficiel telles que l'épinard, la mâche, le pourpier ou les fraisiers.

◀ Dans un jardin, les arbres solitaires sont particulièrement bien mis en valeur et offrent un tableau plaisant.

Pour empêcher les campagnols de s'installer, réduisez l'épaisseur du paillage à l'automne, ou semez des épinards d'hiver ou de la moutarde. Semée à l'automne, celle-ci aura encore le temps de ravitailler les insectes en pollen et en nectar et protégera le sol après les premières gelées.

Les engrais verts améliorent la structure du sol en vue des futures plantations. Semez-les à une certaine distance du tronc.

Des plantations en gradins

Dans la partie nord du cercle nord, plantez des grandes vivaces ou des arbrisseaux à baies, par exemple, associés à des plantes sauvages comme l'ortie. Les vivaces doivent être de plus en plus petites vers l'intérieur du cercle de manière à créer une plantation « en gradins » qui piégera la chaleur. Dans les parties est, sud et ouest du cercle, semez de la laitue, des radis, des fleurs, du chou-rave, de l'aneth, du fenouil, des carottes, des haricots ou des petits pois. Semez les carottes sur le bord extérieur, tandis que les légumes à enracinement superficiel comme la laitue peuvent prendre place à l'intérieur du cercle.

Améliorez le sol

Pour améliorer mon sol, je sème des légumineuses comme le lupin. Avec leurs racines profondes, les légumineuses ameublissent et aèrent le sol jusqu'à une profondeur de 1,5 m. On trouve dans le commerce des mélanges de graines de plantes à racines superficielles et profondes. Ces mélanges produisent une grande densité de racines et vont chercher les nutriments en profondeur grâce aux nombreuses interconnexions racinaires. Dans les 30 cm supérieurs du sol, les racines mises bout à bout atteignent la longueur incroyable de 40 km par mètre carré ! Une fois mortes, elles servent de nourriture aux micro-organismes et animaux du sol et finissent en humus.

▸ PIÈGE À SOLEIL SOUS UN ARBRE

① Anneau extérieur :
Ceinture de grandes vivaces
et d'arbrisseaux pour piéger le soleil

② Anneau intermédiaire :
Cultures associées de légumes et de fleurs
poireau, chou-rave, chou, œillet d'Inde
(*Tagete patula*), souci, camomille

③ Anneau intérieur :
Plantes à enracinement superficiel
pourpier, épinard, laitue à couper,
fraises des quatre saisons

④ Tronc

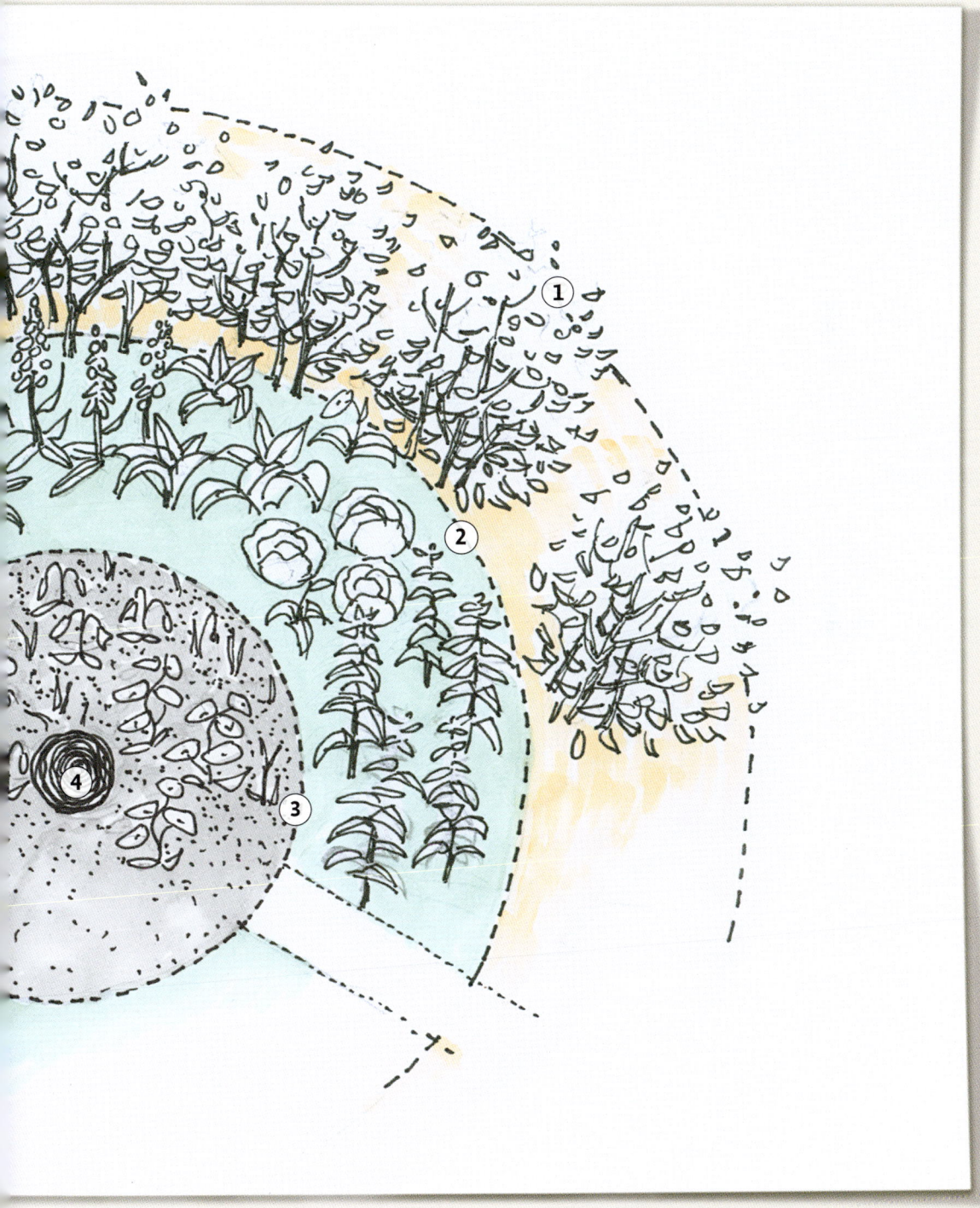

L'ARBRE, ÉLÉMENT ESSENTIEL DU JARDIN

En permaculture, l'arbre est l'élément essentiel de tout jardin. Son cycle de l'eau modifie le climat, les racines limitent l'érosion du sol et contribuent à sa fertilité. Un arbre coupe le vent, il offre un habitat aux insectes, aux oiseaux et aux mammifères, et il produit fruits, feuilles et bois.

Choisir le bon arbre

En début de livre, je vous ai conseillé de faire la liste de toutes les plantes que vous aimeriez planter. Quels arbres avez-vous choisis ? Y a-t-il parmi eux des arbres fruitiers ? Avant d'acheter, renseignez-vous sur les porte-greffe de ces arbres qui vont être déterminants pour leur croissance. Il y a des porte-greffe à faible croissance et à forte croissance, ce qui vous permet de choisir l'arbre le mieux adapté à chaque emplacement.

Si un arbre fruitier poussait déjà dans votre jardin, vous pouvez en replanter un autre au même endroit, mais pas du même type : s'il donnait des fruits à noyau, plantez un arbre à fruits à pépins. En effet, le sol sous les arbres s'épuise et seul un changement d'espèce garantira la bonne croissance du nouvel arbre.

◄ Un arbre est plus qu'un arbre. Pour ce pic épeiche à la recherche de larves et d'araignées, l'arbre est une source de nourriture majeure mais aussi un lieu important de nidification (dans les cavités de l'arbre).

▲ Les variétés anciennes de fruits sont idéalement adaptées au microclimat
d'un lieu donné et résistent ainsi mieux aux maladies et aux ravageurs.
Qui plus est, leurs fruits sont souvent très savoureux.

▲ Panier rempli de fruits du jardin. Qu'y a-t-il
de meilleur que de grignoter un fruit tout juste
cueilli ou de profiter de sa propre récolte ?

LES DIFFÉRENTS TYPES DE FRUITS

Fruits à noyau
Cerise griotte, prune, mirabelle, abricot,
pêche, nectarine, reine-claude, quetsche

Fruits à pépins
Pomme, poire, coing, nèfle, corme (sorbier
domestique), sorbe (sorbier des oiseleurs)

Fruits à coquille
Noisettes, noix

▲ Les poiriers peuvent être conduits en scion, en quart-de-tige, en demi-tige ou en espalier. Il est alors facile de leur trouver une place dans un petit jardin.

Des variétés pour tous les goûts

Avant d'acheter, déterminez si vous préférez des variétés d'été, d'automne ou d'hiver, et goûtez-en les fruits. Seules les variétés d'hiver (variétés de garde) se conservent long-temps. Préférez les variétés anciennes, mieux adaptées à vos régions et à vos climats. Achetez vos arbres et vos plantes chez un pépiniériste plutôt que dans une jardinerie ou un magasin de bricolage. Le pépiniériste pourra vous conseiller avec compétence. Par exemple, il est important de connaître les sols que préfèrent les différentes variétés ou les mesures préventives à prendre contre les campagnols. Il vous précisera les distances minimales de plantation entre les arbres ou pourra vous indiquer si une variété peut se conduire en espalier.

Contrairement aux arbres de haute-tige, les scions, les quart-de-tige et les demi-tige ne vivent pas longtemps, rarement plus de 20 ou 30 ans. Dans un petit jardin, plantez plutôt des scions ou des quart-de-tige, qui ne dépassent pas 2,5 à 3 m de haut. Si vous ne plantez qu'un seul arbre, choisissez un demi-tige.

On trouve aussi des arbres qui ont été greffés avec plusieurs variétés et dont les fruits mûrissent à différents moments, étalant la récolte sur plusieurs semaines ou mois. On peut aussi faire pousser différentes variétés de pommes ou de poires sur un espalier, configuration idéale car les arbres peuvent se polliniser mutuellement. Renseignez-vous sur les variétés pollinisatrices afin de trouver des arbres compatibles.

▶ Cela paraît incroyable, mais un arbre mort abrite plus d'espèces animales qu'un arbre vivant.

JARDINER VERTICALEMENT

Nos petits jardins citadins ne permettent généralement pas de concrétiser toutes nos envies, car la surface cultivable horizontale est tout simplement trop petite. Mais un petit jardin peut aussi pousser en hauteur : la dimension verticale permet de créer toute sorte d'espaces à jardiner.

Des murs végétalisés à mettre en œuvre

Un espalier en plein jardin ou une pergola végétalisée est un moyen simple pour cultiver à la verticale. En plus d'économiser de la place et de créer de nouveaux espaces, les espaliers ont aussi une fonction de brise-vue. Des murs ou une cabane de jardin couverts de plantes comestibles sont à la fois esthétiques et les supports de belles récoltes. L'espalier convient particulièrement bien aux arbres fruitiers qui ont besoin de chaleur.

Les clôtures aussi peuvent servir de surface cultivable. Les petits pois ont besoin de tuteurs, tandis que capucines et pois de senteur y trouveront un appui pour grimper. Les arbres et arbustes peuvent, eux aussi, leur servir de supports.

◄ Cette vieille palette non recyclable astucieusement plantée de laitues et de capucines fait office de brise-vue et de plate-bande à grignoter.

▲ Une pergola recouverte de glycine
est un plaisir pour les yeux.

▶ Un espalier en plein
jardin est non seulement
beau mais produit aussi
des fruits savoureux.

Le rôle des plantes grimpantes

Des plantes grimpantes poussant sur la façade
de votre maison améliorent le microclimat et
accueillent les oiseaux nicheurs. Les abeilles y
trouvent un supplément de pollen et de nectar.

La pergola sous laquelle vous aimez vous
attarder peut servir de support à une vigne,
au houblon, à la clématite (*Clematis* sp.),
à la vigne vierge, à la glycine, à la renouée
grimpante (*Fallopia baldschuanica*) ou encore
au rosier grimpant... plantes qui fourniront
une ombre agréable en été.

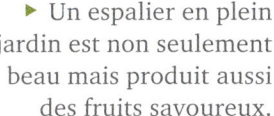

≫   *Mon rosier grimpant sert
de tuteur aux haricots d'Espagne
et m'épargne le travail d'en
construire un que je devrais
démonter à l'automne.*

UN COIN SAUVAGE GROUILLANT DE VIE

Nos jardins sont un des niveaux d'intervention clés dans la sauvegarde de la biodiversité. Un simple tas de bois, une petite mare ou encore, un parterre de fleurs mellifères, sont déjà des contributions non négligeables dans la restauration des équilibres écologiques.

▲ Le troglodyte mignon aime les four-rés épais où il peut nicher à l'abri des chats et autres prédateurs.

De l'ordre... jusqu'où ?

Un jardin bien propre est fatal à la biodiver-sité. De quoi vivront hérissons, orvets, crapauds et troglodytes si tout est sous contrôle ? Beaucoup d'oiseaux comme le troglodyte, la fauvette des jardins et le bruant jaune nichent près du sol et ont besoin à la fois d'un sous-bois épais et de plantes épineuses. Inutile donc de jardiner le moindre mètre carré. Vous aiderez beaucoup la nature en lais-sant un espace sauvage où les plantes comme les animaux pourront s'installer. Un épais massif d'orties en lisière du potager accueillera bien des animaux.

On estime qu'environ 80 espèces profitent d'une manière ou d'une autre des orties. Les papillons, en particulier, en ont besoin pour pondre. À éclosion des œufs, leurs che-nilles se nourrissent des feuilles. Votre coin sauvage peut s'avérer tout à fait esthétique. Il peut prendre la forme d'une petite mare entourée d'un tas de pierres ou de terre, de vieux bois ou d'éclats de tuiles. Du vieux bois entouré par un grillage procurera un habitat aux insectes, aux oiseaux, aux amphibiens et aux hérissons.

▲ Un massif d'orties est aussi précieux dans nos jardins que dans la nature.
C'est une plante médicinale dont toutes les parties sont utilisables
(racines, feuilles, graines) et qui accueille des dizaines d'espèces d'animaux.

Créez un parterre de fleurs sauvages

Si vous en avez assez de tondre et si vous sou-haitez aménager un coin sauvage dans votre jardin, appauvrissez peu à peu votre pelouse afin de créer les conditions propices aux fleurs sauvages. Ramassez l'herbe tondue pour ces-ser de fertiliser le sol. Les tontes pourront ser-vir de paillage dans votre potager ou alimenter le compost. Pour aller plus vite, vous pouvez enlever entièrement la couche d'herbe, comme pour aménager une butte de culture.

Éliminez ce qui reste de racines et aérez le sol en y incorporant du sable. Puis arrosez et semez des graines de fleurs sauvages.

Pour finir, couvrez avec un peu de terre fine et compactez-la légèrement avec une planche ou un rouleau, afin que les graines soient en contact avec la terre et puissent germer.

Par la suite, il suffira de faucher votre prairie une ou deux fois par an.

Observez pour mieux protéger

En allemand, il existe un vieux dicton qui dit qu'on ne protège que ce qu'on connaît. C'est vrai dans nos jardins comme dans la nature. Même à l'échelle réduite de nos espaces citadins, il est possible de faire beaucoup pour les animaux et les plantes menacés. Changeons de perspective pour une fois et de jardiniers, faisons-nous observateurs. Nous trouverons alors des idées d'aménagement :

– toutes les plantes cherchent le sol qui leur convient pour y remplir leur fonction
– les lézards préfèrent les murets de pierres sèches et les endroits secs, ils se nourrissent de moustiques
– les abeilles sauvages, les bourdons et les papillons recherchent le pollen et les plantes à nectar
– les oiseaux ont besoin de lieux où nicher et nous débarrassent des chenilles, des moustiques et autres insectes.

Créez de la biodiversité

Si nous faisons de la création de la biodiversité un principe essentiel, les plantes et animaux indésirables ainsi que les maladies affectant les plantes cesseront d'être un problème. Une fois que nous avons compris que les cloportes, l'égopode podagraire (*Aegopodium podagraria*) ou la patience à feuilles obtuses (*Rumex obtusifolius*) ont aussi des qualités, nous cessons de considérer ces créatures comme nos ennemis. Un exemple : la patience a des racines profondes de 2 m qui ameublissent et aèrent le sol. Mais elle a aussi un ennemi animal, la chrysomèle de l'oseille, qui raffole de ses feuilles. Dans la nature, il n'y a ni ravageurs, ni mauvaises herbes.

▲ Les lézards sont en danger et ont besoin d'abris contre les prédateurs tels que les chats. Ils aiment se chauffer au soleil sur les pierres et disparaissent aussitôt dans les fentes en cas de danger.

>> *Plus nous accueillons et laissons vivre d'espèces dans nos jardins, moins nos plantes potagères et ornementales auront de problèmes.*

◀ Le bois de conifères, le bois lamellé-collé et les briques ne conviennent pas aux abeilles solitaires. Proposez plutôt des matériaux naturels aux habitants de votre jardin.

Accueillez les insectes

Si vous installez un hôtel à insectes dans un endroit abrité, de préférence contre un mur plein sud, vous serez étonné de constater qu'au bout de quelques heures seulement, l'hôtel est déjà occupé. Pour construire un hôtel à insectes, contentez-vous de bois de feuillus. Le bois de conifère contient de la résine qui risque d'engluer les abeilles. Faites des trous de différents diamètres et débarrassez l'intérieur de la sciure pour que les abeilles ne s'y blessent pas les ailes. Fabriquez des nids en faisant des fagots à partir de tiges creuses de sureau ou de roseau, en prenant soin de les fixer pour que les abeilles retrouvent l'entrée sans difficultés. Une solution encore meilleure pour accueillir les insectes est de laisser en terre, tout l'hiver, les tiges fanées de vos plantes et de ne les couper qu'au début de la nouvelle saison végétative suivante, fin mars.

L'EAU AU JARDIN

Les raisons de créer un point d'eau sont nombreuses. Cela vaut pour tous les êtres vivants : plantes, animaux et parmi eux, les insectes. Elle abreuvera ainsi tout l'écosystème de votre jardin, créera des microclimats et vous fera profiter des plantes aquatiques.

Ruisseau, mare ou source ?

Au jardin, peut-être rêvez-vous d'entendre un léger clapotis lorsque vous jardinez, de plonger vos pieds dans une mare ou un ruisseau frais à la pause ou encore, d'observer le vol gracieux des libellules ? Le choix entre une mare et un ruisseau dépend en premier lieu de la surface disponible. Quelles que soient les contraintes, il est toujours possible de faire de la place à une source d'eau dans un très petit jardin que ce soit sous forme d'un bassin, d'un tonneau, d'une bassine ou encore d'une petite mare.

La bonne taille

Plus votre jardin est grand et plus le point d'eau peut l'être aussi. Jusqu'à 300 m², contentez-vous d'une petite mare. Dans un jardin plus grand, jusqu'à 800 m², la mare peut être plus grande, éventuellement accompagnée d'un petit ruisseau. Dans le jardin sur rue de ma maison mitoyenne qui mesure 30 m², j'ai inséré dans le sol un bassin rond de 60 cm de diamètre et je l'ai planté d'iris aquatiques, de trèfle d'eau (*Menyanthes trifoliata*), et de nénuphars (*Nymphaea* et *Nuphar*). L'autre jardin, côté cour, mesure 330 m² : j'y ai aménagé une mare de 10 m² composée d'une zone superficielle et d'une zone profonde.

Le bon emplacement

Votre mare ne doit pas être entièrement exposée au soleil. Les deux tiers au moins de sa surface doivent être ombragés, sinon l'eau se réchauffera trop et sera moins oxygénée, ce qui risque de provoquer une prolifération d'algues, fatale aux animaux et aux plantes.

◀ Stagnante ou courante, l'eau est apaisante. Lorsque les rayons du soleil s'y reflètent, on en ressent directement leur chaleur.

>> *Installez un abreuvoir à oiseaux en hauteur. Par une chaude journée d'été, les oiseaux en profiteront, ne serait-ce que pour se baigner. Les abeilles, elles, viendront s'y abreuver : une colonie d'abeilles consomme environ 120 litres d'eau par an.*

▲ Un petit bassin rempli d'eau comprenant quelques plantes aquatiques trouvera sa place dans le plus petit des jardins, sur une terrasse ou même sur un balcon. Les insectes s'y installeront bientôt.

Heureusement, la nature a une solution à chaque problème : la petite lentille d'eau (*Lemna minor*), très appréciée des canards, est une véritable station d'épuration biologique. Ses feuilles minuscules produisent de l'oxygène grâce à la photosynthèse et épurent l'eau en filtrant les nitrates, les phosphates, les nutriments excédentaires et les substances toxiques. La croissance des algues est alors inhibée et l'eau ne perd pas ses qualités. Conformément aux principes de la permaculture, les lentilles d'eau retiennent particulièrement notre attention car elles remplissent plusieurs fonctions : contrairement aux pompes et aux installations de filtrage, elles ne consomment pas d'énergie et ne font pas de bruit. Et elles nourrissent les canards et autres oiseaux d'eau.

L'eau modifie aussi le microclimat du jardin. Elle stocke la chaleur et la restitue lentement : elle rafraîchit les alentours les jours chauds et les adoucit les jours froids.

Animaux et plantes

Que ce soit une mare ou un ruisseau, plantez ou laissez s'installer toutes sortes de plantes. Peut-être pourrez-vous aussi y élever des poissons ou en faire un habitat pour les amphibiens ? Ou bien préférerez-vous tout simplement y admirer nénuphars, plantains d'eau (*Alisma*), sagittaires, trèfle d'eau, salicaire (*Lythrum salicaria*), reine-des-prés, populage (*Caltha palustris*), iris, massette (*Typha latifolia*), ou myosotis ? Pourquoi ne pas y installer une ou deux plantes aquatiques comestibles ?

En général, les animaux s'installent spontanément. Lorsque les tritons apparaissent dans la mare sans notre aide, on se demande même s'ils ne savent pas voler... Ne mettez jamais de poissons rouges dans votre mare : les larves de libellules, les patineurs (ou gerris) et les pontes de grenouille n'y survivraient pas.

Vous sentirez l'influence bénéfique de votre mare à condition que l'emplacement soit bien choisi. Pour moi, observer l'eau est un vrai enchantement. Les libellules pondent leurs œufs dans la mare et les larves y passent toute l'année avant de se métamorphoser en libellules. Avec un peu de chance, vous pourrez même observer cette métamorphose. Les libellules ont une fonction biologique importante car elles capturent moustiques et insectes.

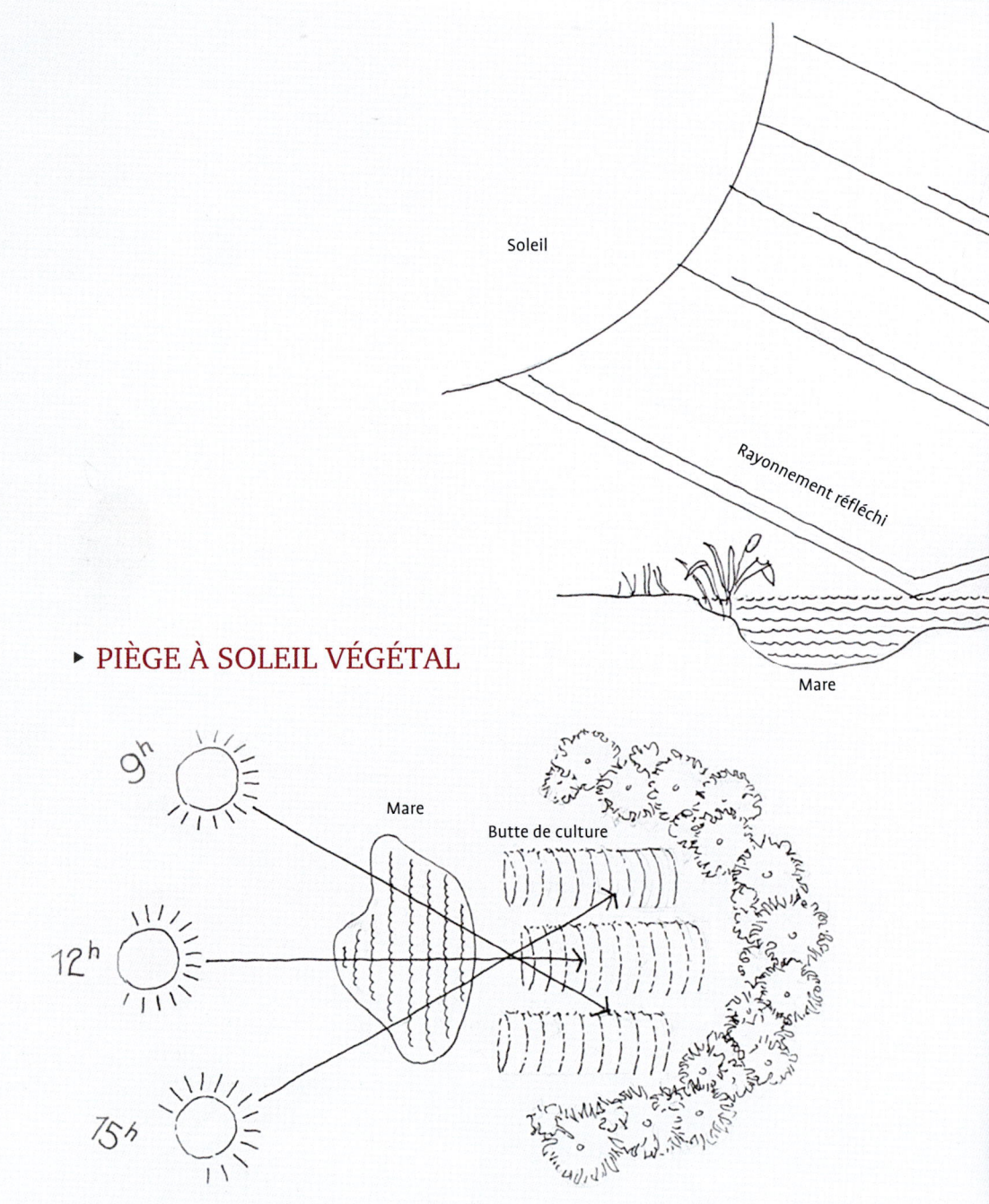

Soleil

Rayonnement réfléchi

Mare

▸ PIÈGE À SOLEIL VÉGÉTAL

9ʰ

12ʰ

15ʰ

Mare

Butte de culture

▸ RÉFLEXION DU SOLEIL À LA SURFACE D'UNE MARE

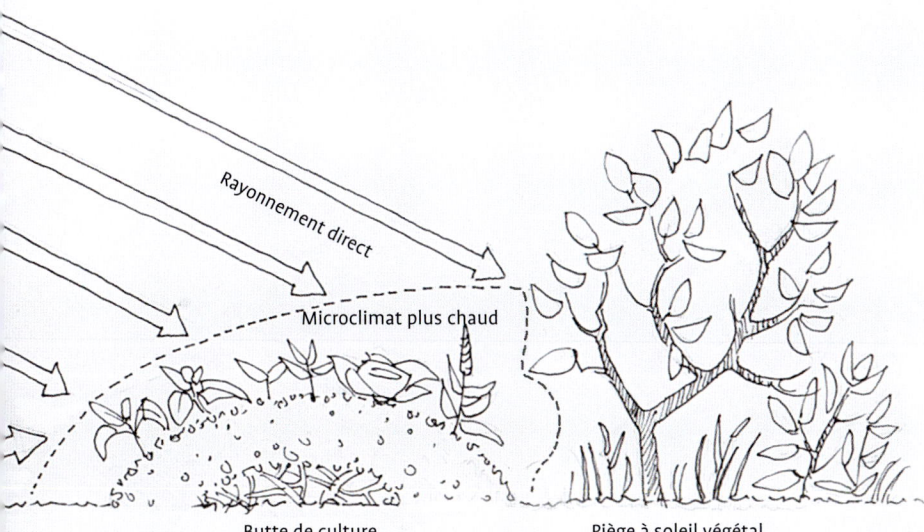

Rayonnement direct

Microclimat plus chaud

Butte de culture

Piège à soleil végétal

Implantez votre mare près du potager. Les plantations, disposées pour former un piège à soleil, se trouvent au nord et la mare au sud. Quand le soleil brille, la surface de l'eau réfléchit directement les rayons dans le piège à soleil, augmentant l'énergie et la chaleur piégées. Ainsi, les cultures reçoivent un supplément de chaleur même en hiver, quand le soleil est bas sur l'horizon.

APPRENDRE EN OBSERVANT LA NATURE

La permaculture est une approche qui nous épargne beaucoup de travail. Mais avant de pouvoir laisser la nature faire à votre place, il vous faut un minimum de connaissances sur les interactions entre les êtres vivants. Les observations que l'on peut faire dans la nature sont une source d'inspiration. Comment se fait-il que les paysages, les forêts et les prairies existent sans apport d'engrais, que les arbres sauvages donnent des fruits sans qu'on les taille, que personne ne bêche, n'arrose ni ne fertilise la nature ?

COMMUNAUTÉS VÉGÉTALES

Il est scientifiquement prouvé depuis longtemps que le processus d'apprentissage est plus effectif lorsque les enfants coopèrent, entre eux ou avec des adultes, que lorsqu'ils apprennent chacun pour soi. Ce processus existe aussi dans la nature, mais au lieu de communautés d'apprentissage, il s'agit de communautés végétales.

Un pour tous, tous pour un

Dans le cadre d'une étude menée sur plusieurs années, l'université de Zürich a démontré que les grandes communautés végétales de prairie ont des rendements nettement plus élevés que les monocultures. Ensemble, les plantes utilisent plus efficacement les minéraux du sol, l'eau et la lumière. On a également découvert que les communautés végétales sont mieux armées contre les ravageurs car les plantes se protègent mutuellement. Chaque plante, utilisant moins d'énergie pour se défendre, peut l'investir ailleurs, pour croître et se reproduire. Enfin, les plantes s'adaptent à leur communauté, ce qui augmente son rendement général. Les plantes se spécialisent selon leurs points forts : phénomène que les chercheurs appellent « évolution accélérée ». La communauté végétale, dans son ensemble, s'en trouve renforcée.

◀ Les communautés végétales harmonieuses tiennent les ravageurs à distance. Les partenaires de l'association se protègent et se renforcent mutuellement.

▲ Au potager, la protection intégrée des plantes associe les légumes avec de l'ail,
des fleurs et des plantes médicinales comme la camomille, le souci et l'œillet d'Inde.

Un bon voisinage

Le principe du renforcement mutuel que nous venons de décrire, est utilisé dans les cultures associées. Les plantes doivent se renforcer au-dessus mais aussi, en dessous du sol. Cela dit, il n'existe pas que des coopérations dans la nature, il y a aussi des antagonismes. Les plantes sont en contact *via* leurs systèmes racinaires et peuvent soit se renforcer soit s'inhiber. La plupart des plantes s'associent sans problème. Vous devez cependant faire attention aux associations qui ne fonctionnent pas. Voici quelques exemples de mauvais partenariats :
- les haricots avec les oignons ou les petits pois
- les oignons avec les petits pois ou les choux
- les tomates avec les petits pois
- le fenouil avec presque toutes les autres plantes.

Les règles des cultures associées

Les plantes de certains genres ou de la même famille ne se tolèrent généralement pas entre elles. Évitez d'associer les légumes, les herbes et les fleurs sauvages avec d'autres plantes de la même famille :

- Brassicacées : chou-fleur, brocoli, chou de Chine, giroflée, chou vert, chou cabus, chou-rave, cresson, navet, lunaire (*Lunaria anua*), radis rouge, radis noir, chou de Bruxelles, roquette, moutarde, chou de Milan
- Fabacées (Légumineuses) : haricots, petit pois, lentille, lupin, fève, pois de senteur.
- Apiacées (Ombellifères) : cerfeuil, aneth, fenouil, carvi, livèche, carotte, panais, persil, céleri
- Solanacées : pomme de terre, tomate, aubergine, poivron, piment.

Vous n'avez pas besoin de savoir par cœur qui apprécie qui. Il suffit d'établir chaque année un plan de culture et de mettre en œuvre les associations les plus efficaces. L'année suivante, changez les plantes de place en évitant qu'une plante succède à une autre de la même famille. Associez aussi les légumes avec des laitues et toujours avec des fleurs. Souci, œillet d'Inde et camomille ont une action bénéfique et curative sur les plantes et le sol.

▲ Fleurs et herbes se complètent au milieu des légumes, comme ici le souci et la bourrache (*Borago officinalis*).

▲ Œillets d'Inde au milieu des légumes. Prudence toutefois, car les œillets d'Inde attirent les limaces.

>> *Les Rosacées sont une exception : d'après mon expérience, elles se tolèrent très bien entre elles.*

▲ Pour ne pas oublier leur emplacement, dessinez vos plantations de l'année dans votre journal.

Rotations

Ne cultivez jamais pommes de terre et choux au même endroit. Les plantes gourmandes comme la pomme de terre, les divers choux, les tomates ou les courges doivent être suivies l'année d'après par des plantes aux besoins modérés ou sobres. Les premières sont la betterave rouge, l'oignon, le fenouil, le radis et le poivron. Les plantes sobres sont les laitues et chicorées, les haricots, les petits pois, les lentilles et de nombreuses herbes aromatiques et médicinales.

>> *Voici une règle empirique simple : ce qui se marie bien dans la marmite se marie aussi (à quelques exceptions près) au jardin, se protégeant mutuellement : tomate et basilic ou haricot et sarriette.*

LES PLANTES INDICATRICES

La nature ne cesse de faire croître des plantes inconnues dans nos jardins, et elle ne le fait pas sans raison. Ceux qui les combattent les appellent « mauvaises herbes » ; ceux qui les connaissent et savent apprécier leur valeur les appellent « plantes sauvages ».

De précieuses informatrices

En nous intéressant à ces hôtes « indésirables », nous faisons des découvertes étonnantes : il s'agit de plantes indicatrices qui nous livrent des informations précieuses. Sans aucune analyse de laboratoire, elles nous indiquent ce qui va ou ne va pas dans notre jardin. Une plante unique n'a pas de valeur prédictive. En revanche, de nombreuses plantes de la même espèce accompagnées d'autres espèces indicatrices révèlent le même symptôme. La plante devient alors un indicateur fiable dont on peut tirer des conclusions sur l'état de santé du sol.

Les plantes indicatrices nous apprennent, par exemple, si le sol contient trop ou pas assez d'azote, de potassium de calcaire ou de phosphore. Elles nous aident ainsi à choisir le bon emplacement pour nos légumes. Elles nous disent aussi si le sol est humifère, meuble et suffisamment pourvu en matière organique dont a besoin tel ou tel légume, ou s'il contient trop peu de minéraux.

Il existe aussi des sols mixtes : un sol peut contenir beaucoup de calcaire et d'azote et pourtant être légèrement acide. Il peut être riche en azote et pauvre en minéraux, riche en humus et pourtant sec et calcaire, compact, riche en azote et acide. La présence d'une variété de plantes d'une catégorie donnée nous renseigne sur l'état du sol.

▲ Le galinsoga à petites fleurs (*Galinsoga parviflora*) est une plante qui succède aux cultures et indique un terrain qui a été cultivé pendant longtemps. La plante est également comestible.

▲ Le mouron des oiseaux est excellent et contient beaucoup de vitamine C. Laissez cette plante à enracinement superficiel dans votre potager ou ajoutez-la dans vos salades.

◄ L'égopode podagraire est excellente en salade et bonne pour la santé. Toutefois, ne la laissez pas se répandre dans le potager, seulement au pied des arbustes.

Apprendre à lire les plantes indicatrices

Si l'on observe bien son jardin, on constatera vite que sa surface n'est pas uniforme. Même sur une petite surface, la qualité du sol varie, ce que les plantes qui le recouvrent nous montrent. Les plantes indicatrices vous indiquent l'état du sol dans chaque recoin, précieux conseils de culture ou de fertilisation.

▼ La phacélie (*Phacelia tanacetifolia*) est la meilleure plante mellifère et un excellent engrais vert qu'on peut semer toute l'année.

Autres usages

La plupart des plantes indicatrices sont également médicinales et comestibles, pour nous comme pour les insectes. Elles sont des sources de nectar et de pollen importantes. Parmi les espèces médicinales, citons l'ortie, le mouron des oiseaux, le pissenlit, la capselle bourse-à-pasteur, la benoîte, le chiendent, le tussilage, la prêle des champs, la pâquerette, le plantain lancéolé et la potentille ansérine. Parmi elles, vous pouvez consommer l'ortie, l'égopode podagraire, le gaillet jaune (*Galium verum*), le galinsoga, l'arroche, le mouron des oiseaux, l'oseille, la moutarde des champs (*Sinapis arvensis*) et la potentille ansérine.

SOL	PLANTES INDICATRICES	QU'EST-CE QU'ON PEUT PLANTER – QUE FAIRE ?
Riche en azote	Ortie, égopode podagraire, gaillet gratteron (*Galium aparine*), séneçons (*Senecio*), mouron des oiseaux, chénopode blanc, galinsoga, arroche, pissenlit, bourse-à-pasteur, benoîte, chiendent	Toutes les plantes gourmandes comme les choux ou le poireau. Sarclage préalable : utiliser les plantes comme paillage ou pour un purin de plantes sauvages.
Sol humifère	Lamier pourpre, galinsoga, arroche, véronique, mouron des oiseaux	Convient à tous les légumes. Fertilisation inutile.
Sol argileux-limoneux	Prêle des champs, pissenlit, gaillet gratteron, tussilage, renoncule rampante (*Ranunculus repens*)	Pomme de terre, courgette, betterave rouge, chou-rave. Les plantes indiquent un sol humide à détremper : incorporer du sable et du gravier dans le sol.
Sol pauvre	Pâquerette, *petite oseille* (*Rumex acetosella*), trèfle blanc (*Trifolium repens*), oxalis, bourse-à-pasteur	Haricots. Sol généralement acide ; incorporer du compost. Paillage et engrais verts conseillés.
Sol compact	Potentille ansérine, grand plantain, plantain lancéolé, tussilage, cirse des champs (*Cirsium arvense*), pissenlit, chiendent, oseille	Pomme de terre, haricot, légumineuses, mélilot (*Melilotus*), seigle. Semer des légumes à enracinement profond et des engrais verts.
Sol calcaire	Coquelicot, moutarde des champs, géranium bec-de-grue, chicorée sauvage (*Cichorium intybus*), euphorbe réveille-matin	Souci. Semer des légumineuses : lupin, petit pois, fève. Apports de compost souhaitables.

Les légumineuses sont des plantes à gousses telles que les haricots, les petits pois, les lentilles, le lupin, le soja, le trèfle et les genêts. Leur particularité est de créer au niveau de leurs racines une symbiose avec des bactéries qui fixent tant d'azote que le sol en contient plus que la végétation n'en consomme.

▶ Des nodules bruns riches en azote se forment à la base des racines des légumineuses telles que le trèfle, les haricots, les lupins et les pois de senteur (*Lathyrus odoratus*).

LES PLANTES PIONNIÈRES

Dès que le sol se trouve dénudé, s'installent des plantes parfois encore jamais vues dans le jardin. Cela vient de ce que la terre contient partout une grande quantité de graines qui paraissent n'avoir attendu que ce moment pour germer aussi vite que possible.

Une succession rapide

Quand un sol calcaire est retourné et nettoyé, il n'est pas rare de voir apparaître le coquelicot. Mais l'année suivante, il a de nouveau disparu. Diverses plantes pionnières peuvent ainsi surgir « de nulle part » suivant la texture du sol (limoneux ou sablonneux), ses qualités (teneur en nutriments) et son pH (acide ou alcalin), puis disparaître de nouveau après quelque temps. Toutes jouent un rôle particulier pour améliorer le sol, préparant le terrain à d'autres espèces qui les chasseront. Il en résulte un renouvellement constant de la végétation.

Un phénomène naturel

Ce qu'on observe à petite échelle dans nos jardins se produit aussi à très grande échelle après une tempête. Les tempêtes anéantissent parfois des forêts entières de monocultures de conifères où rien ne poussait jusque-là à cause de l'acidité du milieu, exposant ainsi le sol aux rayons du soleil. Rapidement, apparaissent des plantes comme le framboisier, la ronce, l'épilobe, la verge d'or du Canada (tolérant les milieux acides), qui créent elles-mêmes des conditions favorables pour le sureau, le sorbier des oiseleurs, les bruyères, la myrtille et autres. Ces plantes pionnières nous révèlent dans quelles communautés végétales les diverses plantes se sentent le mieux.

▲ La verge d'or du Canada (*Solidago canadensis*) est une plante pionnière importante car elle fleurit tardivement et nourrit les abeilles en fin de saison. Avec ses racines superficielles, elle colonise les sols ouverts et pauvres.

▲ L'épilobe en épi (*Epilobium angustifolium*) est une bonne plante mellifère qu'on peut aussi faire pousser au jardin pour ses belles chandelles fleuries.

◀ Versant montagneux après une tempête : la chute de ces pins a ouvert des surfaces et exposé le sol, qui sera rapidement reconquis par la nature.

>> *N'arrachez jamais les plantes sans suivre d'abord cette règle simple : observez, identifiez, comprenez et agissez seulement ensuite. Le jardin est le siège de processus et d'interactions qui se déroulent sans nous. Cela réclame à la fois notre respect et notre attention.*

DES PLANTES POUR AIDER LES PLANTES

Les plantes ont des propriétés précieuses : avec l'aide de micro-organismes et de champignons mycorhiziens, elles peuvent aller chercher des minéraux utiles pour elles-mêmes comme pour d'autres plantes. C'est pourquoi les purins d'herbes médicinales sont particulièrement utiles : ils favorisent la santé du sol, renforcent les plantes et leurs systèmes de défense et agissent contre les ravageurs.

Une spécialisation bienvenue

Les plantes sont de véritables « spécialistes », capables d'absorber et de stocker spécifiquement certains minéraux. Le pissenlit, la camomille, le pavot et le sarrasin (*Fagopyrum esculentum*) accumulent le calcaire, la valériane augmente la teneur en phosphore du sol, la digitale stocke fer, calcium et magnésium. L'achillée millefeuille préfère le potassium, le calcium et le magnésium. La consoude remplace les engrais phosphorés et s'avère être un bon engrais de complément pour les tomates. Si le sol s'avère être calcaire, les plantes vont

peu l'accumuler : elles n'ont pas besoin de stocker un minéral abondant. Elles vont systématiquement s'adapter à leur environnement en fonction des minéraux présents dans le sol.

Intégrez au moins quelques plantes sauvages dans votre potager afin que vos cultures profitent des minéraux qu'elles contiennent. Vous pouvez aussi les utiliser comme paillis si vous ne les voulez pas au milieu des légumes. On peut aussi en faire des purins, des décoctions ou des infusions : leurs minéraux seront ainsi restitués au sol et fortifieront les cultures.

Dépollution par les plantes

Beaucoup d'anciens sites industriels, miniers ou encore d'anciens dépôts d'ordures sont pollués par les métaux lourds. Cet héritage est omniprésent : le Ministère de l'écologie recense plus de 4 000 sites pollués en France. Rendre ces sols utilisables est très coûteux. Mais la nature peut nous y aider : des plantes comme l'arabette de Haller (*Arabidopsis halleri*) prospèrent sur les sols pollués, dont elle absorbe les métaux lourds par ses racines, qu'elle stocke dans ses feuilles. Les autres espèces d'arabette ne possèdent pas cette propriété. Dans les stations d'épuration par les plantes, on utilise pour épurer l'eau des roseaux comme les massettes (*Typha*), et les phragmites (*Phragmites*) ou encore des iris des marais (*Iris pseudoacorus*). Les champignons absorbent le césium radioactif. Nombreuses sont les plantes dépolluantes qui nettoient les sols et l'eau et les rendent utilisables pour les plantes, les animaux et les humains.

◀ Les racines de la consoude contiennent beaucoup de potassium, d'où son emploi médicinal en cas de contusion ou de fracture. Transformée en purin, elle est utilisée pour renforcer les défenses des plantes cultivées.

▲ La digitale pourpre est une plante médicinale très recherchée par les bourdons et les abeilles. Mais elle est aussi précieuse pour le sol.

» *Les interactions entre le sol, les substances qu'il contient, les plantes et la santé de celles-ci a un effet direct sur nous : si le sol et les plantes sont en bonne santé, alors nous aussi.*

UNE PHARMACIE DANS VOTRE JARDIN

Connaissez-vous les plantes de votre jardin ? Il y a peut-être des orties, des pissenlits, des achillées, des vergerettes, des épilobes, des bugles, des saponaires, des pensées (*Viola*), des tanaisies (*Tanacetum*), des consoudes, du mouron, des prêles (*Equisitum*) et bien d'autres. Ces plantes, anodines en apparence, représentent pourtant un trésor inestimable.

◄ L'achillée millefeuille résiste à toutes les maladies, ce qui en fait une véritable panacée pour les maux chez l'homme, l'animal et les autres plantes.

	LES PLANTES POUR LES PLANTES	LES PLANTES POUR LES ANIMAUX	LES PLANTES POUR LES HUMAINS
Ortie	L'infusion d'ortie est efficace contre les pucerons. Le purin d'ortie est un engrais riche en fer qui stimule les plantes. Entre les légumes, l'ortie renforce leurs saveurs et améliore la conservation des pommes.	Environ 50 espèces de papillons vivent sur les orties ou s'en nourrissent, notamment l'Amiral, la Petite tortue et le Carte géographique.	L'ortie est dépurative et diurétique. Elle soulage les affections cutanées, les piqûres de moustique et l'arthrite, elle est hémostatique (arrête les saignements) et antiallergique. Elle contient du fer, des minéraux et des vitamines. L'ortie est excellente en salade ou en soupe. Ses graines sont comestibles, antianémiques, hypotensives, anticholestériques et ont une teneur élevée en minéraux et vitamines.
Pissenlit	Avec sa profonde racine pivotante, le pissenlit aère le sol. Il fait remonter le fer et les minéraux, il accumule le calcaire et a une influence positive sur les fraisiers.	Le pissenlit procure pollen et nectar aux insectes et de la verdure à de nombreux herbivores.	Il agit sur la vésicule biliaire, et le foie. Il est aussi diurétique. Toute la plante est comestible, cuite ou en salade. La racine est bonne pour les diabétiques. Dépurative et stimulante, elle contient de l'inuline ainsi que de nombreux minéraux et vitamines.
Achillée millefeuille	L'achillée est résistante aux maladies et ses racines diffusent autour d'elle ses capacités de résistance. C'est un stimulateur du compost, dont elle accélère la maturation.	Les huiles essentielles, les flavonoïdes, la coumarine et les tannins qu'elle contient ont une action curative. Les compresses de fleurs et de feuilles favorisent la cicatrisation. L'achillée contient aussi beaucoup de potassium.	Elle est antispasmodique (menstruations), hypotensive, anti-inflammatoire, astringente et cicatrisante. Au stade de jeunes pousses, ses feuilles (un peu piquantes) se mangent dans les salades. Elles sont antispasmodiques et efficaces contre le rhume des foins. Elles contiennent des flavonoïdes et des tannins.
Égopode podagraire	L'égopode podagraire ombrage le sol, produit de l'humus et favorise la présence des lombrics. Ses racines contiennent des saponines qui stimulent la vie du sol.	Les animaux s'en nourrissent et elle a une grande importance pour les insectes.	Elle agit contre la goutte et les rhumatismes, elle est stimulante, dépurative et diurétique. La sève soulage les piqûres de moustique. En salade ou en légume, elle est riche en minéraux et savoureuse. Elle contient de nombreux minéraux et vitamines.

ANCIENS ET NOUVEAUX SAVOIRS

Il y a actuellement un grand engouement pour les formations et conféren-ces autour du jardin. Mes stages sur le compost, par exemple, sont régu-lièrement pleins depuis des années. Beaucoup de gens veulent une ali-mentation saine et se méfient des produits industriels et de leurs additifs. En permaculture, afin d'éviter des erreurs inutiles et avant de pouvoir passer à la pratique, il est indispensable de se frotter à la théorie. Profitez des savoirs d'autrefois, comme ceux employés jadis dans les jardins de monastère. Apprenez à maintenir votre sol en bonne santé et à obtenir des légumes sains grâce aux cultures associées et aux purins de plantes.

LE SOL, PAR QUOI TOUT COMMENCE

Dans son rapport annuel 2014, Maria Krautzberg, présidente l'agence fédérale allemande pour l'environnement écrivait « le sol est une ressource finie. Nous pouvons modifier l'exploitation des sols et les améliorer qualitativement, mais nous ne pouvons pas les créer ». Or, le sol est la base de la bonne santé de toutes vos plantes. C'est pourquoi nous allons d'abord nous intéresser à ce qui s'y passe et voir quels sont les moyens de stimuler et d'entretenir la vie du sol.

Réaliser l'importance du sol

Nous sommes beaucoup plus conscients de l'importance de l'eau et de l'air que de celle du sol. L'air et l'eau sont vitaux, mais le sol ? Le sol est banal en apparence : nous y marchons, nous y bâtissons, mais nous n'y pensons pas plus que ça. Pourtant, presque toutes les interventions humaines ont un impact écologique sur ce système complexe. Nos constructions et nos mauvaises méthodes agricoles l'érodent et le polluent.

Lorsqu'on possède un bout de terrain, il faut vivre et composer avec le sol tel qu'il est. Après plusieurs années, avec un bon travail du sol et en tenant compte des autres facteurs préalablement passés en revue, il est possible d'obtenir d'excellents résultats, y compris avec des terrains initialement problématiques.

◀ Les différents horizons ou couches du sol sont bien visibles dans ce profil. De haut en bas : horizons humifères, limoneux et argileux.

Les sols dans le monde

Le sol est une ressource non renouvelable qui accueille une grande biodiversité. Plus de 90 % des aliments de la planète ne peuvent être produits que via le sol. L'excès d'engrais anéantit de nombreuses espèces végétales et animales, détruisant l'ensemble des équilibres assurant la fertilité des sols. Partout dans le monde, les sols arables sont menacés. Dans de nombreuses régions en guerre, ils sont détruits, contaminés et ne peuvent plus être exploités (pollution des eaux, armes, munitions ou mines abandonnées...). Même sans guerre, on estime à 6 millions d'hectares par an les pertes de sol arable dans le monde. De mauvaises pratiques agricoles, le phénomène d'érosion lié à la déforestation croissante, la hausse de l'urbanisation et de la pollution en sont les principales causes. Parallèlement, la population mondiale ne cesse de croître, ce qui augmente les besoins de surfaces de culture. En conséquence, les terres arables sont cultivées de plus en plus intensivement, jusqu'à épuisement des sols. Pour augmenter les rendements, les terres sont irriguées en permanence dans de nombreux pays, comme en Espagne et aux États-Unis. Au bout de quelques années, le sol est gorgé de sel et devient stérile pour toujours.

Qu'est-ce que le sol, au fait ?

Le sol est la couche supérieure de l'écorce terrestre. Celle-ci est faite de roches composées de minéraux variables. Les plantes, qui font partie des habitants du sol, fabriquent le sol fertile arable : elles attaquent la roche mère et dissolvent les minéraux, accélérant son altération chimique. Plusieurs facteurs conditionnent la formation et l'évolution des sols. Le climat (précipitations, cycle de l'eau, variation des températures), joue un rôle central. La production d'humus résulte quant à elle de

▲ Terre de jardin foncée, exposée aux rayons du soleil juste après la récolte. Paillez aussitôt pour le couvrir et le protéger.

l'action de tous les êtres vivants actifs dans le sol, plantes et animaux compris : lombrics, bactéries, champignons et petits animaux forment la base d'un sol fertile. Le temps, enfin, est un troisième facteur important car il influence l'évolution du sol et son altération. La plus grande partie des sols européens s'est formée après la dernière période glaciaire, il y a environ 10 000 ans. Ces sols continuent d'évoluer et leurs roches mères de se décomposer.

Les grandes plaines, comme la plaine du Pô ou le Bassin parisien, se caractérisent par des sols fertiles et profonds. Leur capacité de rétention de l'eau est très variable. Chaque sol a une texture physique et une composition chimique particulières qui déterminent son niveau d'acidité (valeur pH) et sa teneur en minéraux. La texture sablonneuse, limoneuse ou argileuse d'un sol dépend des matériaux qui le constituent.

Les différents types de sol

En Europe, les sols sont généralement sablonneux, limoneux et argileux. Dans nos jardins, on trouve souvent des intermédiaires entre ces types, qui existent rarement à l'état pur. La première chose à faire avant de vous lancer dans quoi que ce soit est de connaître le type de sol de votre terrain. Deux tests simples vous en apprendront déjà beaucoup.

Le test du boudin

Avec la bêche, extrayez un peu de terre à 20 cm de profondeur environ. Retirez tous les morceaux de plantes et de racines. La terre ne doit être ni trempée, ni trop sèche. Prenez-en un peu dans la main et pressez-la doucement pour en faire un boudin. Ouvrez la main et comparez le résultat avec le tableau de la page suivante.

RÉSULTAT DU TEST	PROPORTION DE PARTICULES FINES	TYPE DE SOL
La terre s'écoule entre les doigts	0-5 %	Sablonneux
La terre s'effrite entre les doigts	5-20 %	Sablonneux-limoneux
La terre s'effrite	6-12 %	Sablonneux-humifère
La terre se fragmente entre les doigts	20-30 %	Limoneux-sablonneux
La terre est malléable mais se brise dans la main	30-40 %	Limoneux
La terre est malléable mais se fissure quand on la presse	40-50 %	Limoneux-argileux
La terre est malléable sans se fissurer	50 %	Argileux

Types de sols et leurs qualités

Les types de sols se distinguent par leurs propriétés différentes :
– les sols sablonneux se réchauffent et se refroidissent rapidement, ils possèdent des espaces contenant de l'oxygène ; l'eau y pénètre rapidement mais ils en retiennent peu
– les sols sablonneux-humifères retiennent bien l'eau, ils se réchauffent rapidement mais leur surface s'assèche assez vite. Ce sont d'excellents sols arables
– les sols sableux-limoneux sont propices aux cultures, mais ils ne se réchauffent pas aussi bien et retiennent assez mal l'eau
– les sols limoneux purs sont des sols lourds qui se réchauffent lentement, sont mal aérés mais retiennent bien l'eau
– les sols limoneux-sablonneux sont mieux aérés que les sols limoneux et retiennent bien l'eau.

Le test de la bouteille

Ce test vous donnera des indications sur la composition physique de votre sol, par exemple son taux d'humus et sa fertilité, ou encore les proportions de sable ou d'argile.

Versez une poignée de terre de jardin dans une bouteille et ajoutez-y 3 fois le même volume d'eau. Remuez le mélange jusqu'à ce qu'il ne reste plus un seul grumeau, puis laissez reposer. Une fois l'eau clarifiée, vous verrez apparaître clairement les différentes couches de matériaux : les plus gros se trouvent au fond, puis on trouve les particules grossières et fines, et enfin une couche d'eau sur laquelle flotte l'humus.

◄ Faites le test du boudin avec votre terre. Il vous dira à quel type de sol vous avez affaire et comment l'améliorer.

▸ LE TEST DE LA BOUTEILLE

① Couche d'humus flottante
② Eau
③ Terre fine – diamètre 0,002 mm
④ Sable fin – jusqu'à 0,06 mm
⑤ Sable grossier – jusqu'à 2 mm
⑥ Cailloux et pierres – plus de 2 mm

Le sol idéal

Le sol de jardin idéal est riche en humus, il est de préférence limoneux-sablonneux c'est-à-dire capable à la fois d'absorber l'eau et de la stocker durablement. Ce type de sol est bien aéré et peut accumuler les nutriments nécessaires à la croissance des plantes. La qualité du sol et de l'humus dépend de leur composition chimique et minérale, plus ou moins acide et plus ou moins riche en eau. Le sol doit avoir une structure grumeleuse.

Mesurer le pH du sol

La capacité d'un sol à retenir les nutriments dépend de son pH. La valeur de ce dernier nous indique si le sol est acide ou alcalin. Quand le pH est trop bas (sol acide), les plantes ne peuvent tout simplement pas absorber les nutriments.

Il est très facile de mesurer soi-même le pH de son sol. Vous trouverez des tests de pH par baguettes ou bandelettes en jardinerie ou en pharmacie. Versez dans un verre une cuillerée à soupe de terre prélevée entre 5 et 20 cm de profondeur en divers points de votre potager. Remplissez le verre d'eau, remuez, laissez reposer, puis placez la baguette dans le liquide. Une fois que la baguette a changé de couleur, comparez celle-ci avec les couleurs sur le paquet pour connaître le pH de votre terre. Un pH compris entre 6,5 et 7,2 est neutre. La plupart des plantes de jardin préfèrent les sols neutres, car l'absorption des nutriments par les radicelles y est plus efficace.

Le pH du potager peut être très différent du pH des plates-bandes fleuries ou des massifs arbustifs. Avec votre test de pH, vous pourrez mesurer le pH dans différentes parties de votre jardin afin de déterminer leurs besoins respectifs en fertilisation.

▶ Pour mesurer le pH de vote sol, prélevez un échantillon de terre entre 5 et 20 cm de profondeur en divers points de votre jardin.

Faire analyser son sol

Si vous reprenez un jardin qui jusque-là a été cultivé de manière intensive, faites analyser un échantillon de terre du potager afin de déterminer ses teneurs en phosphore, potassium, azote et magnésium. La plupart des sols de jardins souffrent d'un excès de fertilisation. De nombreux laboratoires proposent ce type d'analyse.

La structure du sol

La structure du sol se caractérise par la super-position de différentes couches appelées horizons (voir page 117). Les horizons sont des couches parallèles à la surface et issues des processus de formation du sol ou pédoge-nèse. Les différents horizons ont des proprié-tés différentes. Leur profondeur (comme leur texture) dépend de la topographie, du climat, de la température, des précipitations, de l'oxy-dation et de leur mode d'exploitation. Le sol est formé des horizons A, B et C, ainsi que de l'horizon organique (O) à sa surface :

- horizon O : matériaux organiques à la surface du sol, tels que feuilles, brindilles, paille ou plantes mortes
- horizon A : horizon foncé parcouru de racines. C'est le plus peuplé et le plus vivant
- horizon B : couche d'altération plus claire constituée de minéraux, de silicates, d'argile, etc.
- horizon C : Sous-sol dépourvu de vie et composé de pierres et de sable grossier.

Un sol vivant

Nous l'avons vu précédemment, les processus chimiques, physiques et biologiques à l'œuvre dans le sol sont influencés par de nombreux facteurs tels que le climat, la météo, la manière dont il est travaillé mais aussi et surtout, la végétation et la biodiversité (notamment les micro-organismes, les cham-pignons, les animaux du sol et les lombrics) qui y vivent.

L'horizon organique O est un niveau très vivant qui abrite des lombrics, des araignées, des escargots et limaces, ainsi que divers coléoptères. Les bactéries effectuent leur tra-vail de décomposition et de transformation de la matière organique, libérant les composés azotés, les minéraux et autres substances. Cette transformation bénéficie aussi de l'acti-vité des microbes, des moisissures et des champignons, qui décomposent le bois,

les feuilles et les cadavres. Suivant sa composi-tion, cette couche particulièrement fertile est faite d'humus nutritif ou d'humus dit stable.

Des êtres vivants indispensables

L'ensemble des organismes et micro-organis-mes vivant dans le sol forme l'édaphon. L'édaphon peut atteindre une masse de 10 t/ha et contient environ :
- 40 % de champignons
- jusqu'à 30 % de bactéries
- jusqu'à 25 % d'animaux pluricellulaires
- jusqu'à 10 % d'algues et d'animaux unicellulaires.

L'édaphon vit dans des compartiments précis du sol et à des profondeurs très pré-cises, non interchangeables. C'est pourquoi le bêchage par retournement et les labours ont un impact négatif sur la vie du sol.

>> *L'édaphon est un indicateur de l'état de santé de l'environne-ment. Les abeilles ne sont pas les seules à être affectées par les pesti-cides chimiques. Les organismes du sol disparaissent eux aussi à chaque utilisation d'herbicide.*

LES PRINCIPAUX HORIZONS DU SOL (O, A, B, C)

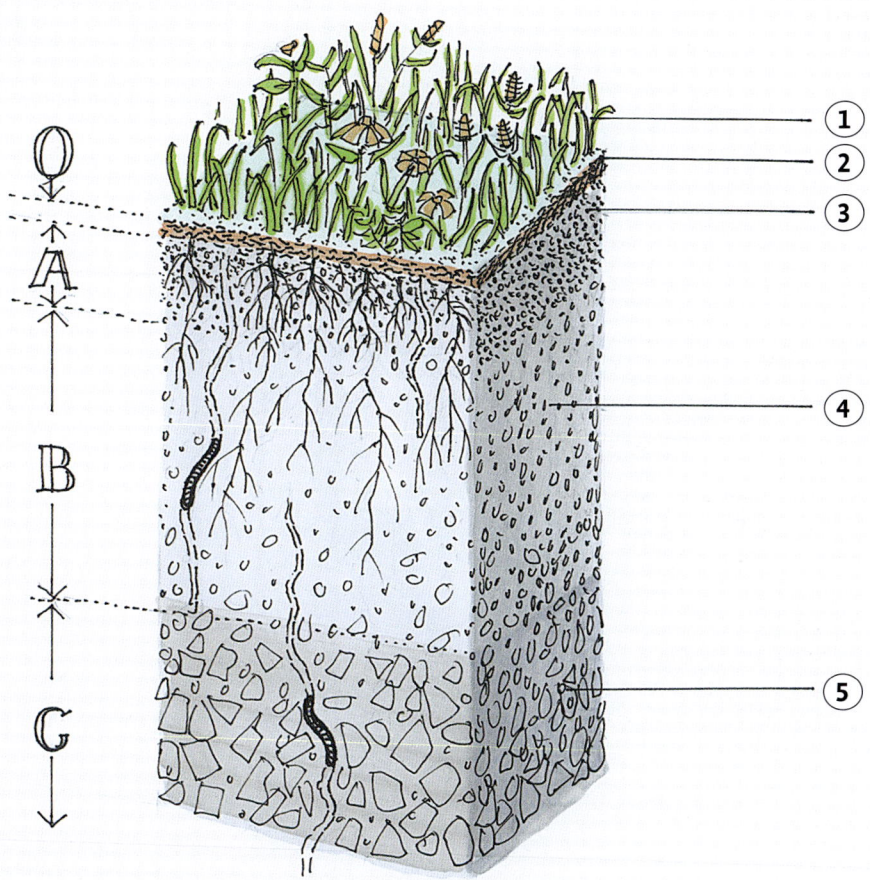

① Couverture végétale
② Horizon O ou litière
③ Horizon A ou couche d'humus : terre foncée, fortement peuplée par l'édaphon

④ Horizon B : couche d'altération claire contenant des minéraux, des silicates et des argiles
⑤ Horizon C : sous-sol minéral composé de pierres et de sables

L'HUMUS : SANS LUI, RIEN N'EST POSSIBLE

L'humus est constitué de l'ensemble des substances organiques issues
de la décomposition des restes végétaux et animaux. La quantité
d'humus dans le sol dépend de la productivité des organismes vivant
dans le sol, et donc directement des soins que nous lui apportons,
tels que les engrais verts et le paillage.

Qui fait quoi dans le sol ?

Les organismes du sol conditionnent ses propriétés structurelles. Grâce à leur travail, la matière morte, y compris les paillages de tontes, de broyat de bois, de paille et de restes végétaux, est transformée en nutriments que les plantes absorbent. D'autres organismes vivent des excréments de ces « décomposeurs ». Leurs propres excréments servent à leur tour de nourriture aux bactéries, qui les transforment en minéraux absorbables par les plantes. Les bactéries sont « transformées » (dixit mangées) par les animaux unicellulaires qui sont dévorés à leur tour par les cloportes, les carabes et les arachnides qui eux-mêmes, avec les collemboles, finissent dans l'estomac des oiseaux et des petits mammifères. La boucle est bouclée.

Division du travail

La décomposition et la transformation des feuilles, des plantes mortes et des restes animaux en humus sont donc effectuées par de très nombreux organismes au cours de plusieurs étapes.

- Les bactéries réalisent le travail principal en transformant les substances organiques en composés minéraux assimilables.
- Les micro-organismes décomposent les glucides et les protéines, prenant part au cycle de l'azote. Ils stimulent ainsi la vie du sol.
- Les algues sont les premières à peupler le sol et favorisent l'altération biologique des sols minéraux.
- Les champignons mycorhiziens vivent de la matière morte et participent à tous les processus de décomposition. Ils vivent en symbiose avec les plantes et leurs racines (c'est un exemple d'interaction et d'interdépendance chères à la permaculture).
- Les acariens, très nombreux dans le sol, se nourrissent de restes de plantes, de bactéries, de champignons, d'algues et d'excréments d'autres animaux.
- Les cloportes découpent les restes végétaux.
- Les collemboles sont des insectes dépourvus d'ailes qui se nourrissent de morceaux de plantes, de champignons, de cadavres et d'excréments.
- Les mille-pattes découpent et mangent les morceaux de plantes.

▶ Les racines des arbres travaillent en symbiose avec les champignons mycorhiziens, échangeant nutriments et eau et facilitant leur accès à leur partenaire symbiotique.

Pas de vie sans champignons mycorhiziens

Les champignons mycorhiziens sont fascinants. Au sein d'une association appelée mycorhize, leur réseau dense de filaments approvisionne les racines des arbres et arbrisseaux en eau et nutriments sous une forme assimilable par la plante. Inversement, le champignon profite des nutriments fabriqués par les plantes via la photosynthèse. Il protège les parties aériennes et souterraines des plantes contre les ravageurs, les maladies fongiques et les pucerons et augmente la résistance des plantes à la sécheresse. Ces champignons sécrètent des hormones végétales qui stimulent la croissance racinaire. Le champignon poussant dans et autour des racines, agrandit ainsi le système racinaire et les quantités d'eau et de minéraux auxquelles celui-ci a accès.

Le ver est dans le sol

Mais savez-vous qui est notre principal auxiliaire pour produire l'humus ? C'est bien sûr le lombric. On estime qu'il y a en France entre 100 et 150 espèces de lombrics, 400 en Europe et 3 000 dans le monde. Toutes vivent dans des conditions différentes : les unes près de la surface, d'autres en profondeur, certaines font des galeries horizontales, d'autres creusent verticalement...

Leurs galeries sont tapissées de mucus et d'excréments ; riches en nutriments, elles sont exploitées par les racines des plantes.

Les lombrics se nourrissent de matière organique et de microparticules de terre, produisant le précieux complexe argilo-humique. Avec les particules de terre, ils ingèrent des bactéries, des champignons et des animaux unicellulaires. De cette façon, ils éliminent de nombreux micro-organismes pathogènes. Enfin, les galeries des lombrics contribuent énormément à l'aération du sol et à sa perméabilité. Enfin, leurs excréments ou turricules créent des conditions de vie favorables à beaucoup d'autres organismes.

Les turricules des lombrics sont une ressource précieuse qui contient une plus grande concentration de nutriments que le sol environnant :
– 11 fois plus de potassium
– 7 fois plus de phosphore
– 5 fois plus d'azote
– 2,5 fois plus de magnésium.

▲ Les lombrics ont besoin en permanence de restes végétaux ou de matériaux de paillage, qu'ils entraînent à l'intérieur de leurs galeries pour s'en nourrir.

◄ Plate-bande de légumes en bonne santé. Les vers de terre mais aussi tous les acteurs de la vie du sol y prolifèrent certainement et fournissent aux plantes les éléments indispensables à leur croissance.

» *Une forte densité de lombrics semble repousser les limaces. Plus le sol contient de lombrics et moins il y a de limaces. La rareté des limaces indique un sol riche en humus.*

FAVORISER LA BIODIVERSITÉ POUR LA SANTÉ DU SOL

Toute espèce végétale supplémentaire est un gain pour l'écosystème et augmente sa production totale de biomasse ainsi que la fertilité du sol. Inversement, toute perte peut diminuer durablement la productivité de tout le système.

Un sol plus actif et plus vivant

Une grande diversité de plantes est nécessaire pour stimuler la diversité et la productivité de l'édaphon. Cela inclut les plantes sauvages, pas toujours appréciées des jardiniers. La diversité des plantes augmente non seulement le nombre de bactéries dans le sol, mais aussi celui des collemboles et des acariens. Le résultat est un sol plus actif et plus vivant, favorable à la croissance et à la santé des plantes. Inversement, une couverture végétale appauvrie peut perturber l'équilibre de la vie du sol. D'où l'importance de la biodiversité et de sa conservation.

Les micro-organismes

La vie du sol est également stimulée par les micro-organismes, grâce auxquels les nutriments deviennent accessibles et assimilables. De leur côté, les plantes stimulent une vie du sol spécifique grâce aux substances qu'elles sécrètent par leurs racines.

◄ L'alliaire est une plante indicatrice d'azote. Elle a une saveur agréable, de même que les lamiers (*Lamium*), le plantain lancéolé, la belle-de-nuit, la pulmonaire (*Pulmonaria officinalis*), la bourse-à-pasteur ou la mauve.

▲ En l'absence d'herbicides et de pesticides, de nombreuses plantes poussent dans les champs de céréales en fonction de la variété de céréale et du type de sol : coquelicot, bleuet (*Centaurea*), miroir de Vénus (*Legousia speculum-verenis*), nielle des blés (*Agrostemma githago*), pensée (*Viola tricolor*) ou camomille. Toutes ces plantes ont une action curative sur le sol.

PRENDRE SOIN DU SOL

Tous les sols peuvent être améliorés. Même si votre sol n'est pas encore optimal, vous pouvez le restaurer en le paillant ou en semant des engrais verts. Non seulement le sol sera protégé, mais cela bénéficiera aussi à la vie et à la santé du sol.

Tout commence par le paillage

Le paillage ou mulch est le soin élémentaire à apporter à votre jardin. Le sol doit toujours être couvert, en particulier les planches de culture. Vous pouvez pailler avec de l'écorce, des tailles de jardin, de la paille ou du compost non tamisé. Le paillage stimule l'enracinement des plantes et ameublit durablement le sol. Le but de ces soins est d'améliorer l'aération du sol et la conservation de l'eau, car c'est ce qui permet au sol de conserver une structure grumeleuse. La couche de mulch ne doit être ni plus trop épaisse ni trop humide, ce qui attirerait les limaces, friandes de matière en décomposition.

Je considère la paille comme le matériau de paillage le plus précieux. Non seulement elle retient très bien l'eau dans le sol, mais elle contribue beaucoup à la production d'humus et ombrage très bien le sol. Que l'été soit chaud et sec ou bien humide, elle atténue son impact sur le sol. Elle offre un habitat idéal à de nombreux organismes et elle a une action antibactérienne. N'utilisez que de la paille d'origine biologique qui n'ait pas été traitée avec des inhibiteurs de croissance.

Avantages du paillage :
- le paillage ralentit le développement des plantes sauvages
- le paillage est bénéfique à l'édaphon, qui reste actif plus longtemps, assurant aux plantes une protection optimale
- le paillage améliore le sol
- le paillage nourrit les organismes du sol
- le paillage retient l'eau du sol et ralentit l'évaporation.

◄ En paillant le sol sous vos fraises, vous préviendrez la pourriture grise (*Botrytis*) et vous pourrez profiter de savoureux fruits rouges.

>> *Au printemps, le paillage peut ralentir le réchauffement du sol. Au moment de préparer votre jardin pour les semis, ôtez le paillage et apportez-le sur votre compost.*

▲ Un engrais vert comme le trèfle incarnat (*Trifolium incarnatum*) est particulièrement beau. La phacélie, la moutarde (*Sinapis alba*) et le souci sont également très favorables au sol et aux insectes.

Des engrais verts pour occuper le sol

Le principe des engrais verts était déjà en usage au XIIe siècle dans les jardins monastiques. Les engrais verts sont le soin parfait. Les plus courants sont la phacélie, le sarrasin, la moutarde, le lupin, la vesce, le trèfle de Perse (*Trifolium resupinatum*), le trèfle d'Alexandrie (*Trifolium alexandrinum*), l'ornithope (*Ornithopus sativus*) et le trèfle incarnat. On peut faire pousser des engrais verts sur les surfaces nues ainsi qu'entre les cultures permanentes de petits fruits, entre les rosiers et surtout sous la couronne des arbres.

On peut semer les engrais verts avant ou après la culture principale, jusqu'à la fin de l'automne. Les engrais verts semés à l'automne restent en place pendant l'hiver. Les espèces sensibles au froid gèlent sur place et seront enfouies à 5 cm de profondeur au printemps suivant. Il existe aussi des engrais verts résistants au gel qu'il suffira de faucher le moment venu. Non seulement les engrais verts améliorent la structure du sol, mais ils contribuent aussi à la production d'humus, augmentant la quantité d'humus à disposition des plantes. Leur décomposition produit des acides organiques capables de fixer des nutriments comme le fer et les phosphates, les rendant assimilables par les plantes.

>> *Les engrais verts fleurissent hâtivement et produisent une abondance de nectar et de pollen pour les insectes. Pendant les saisons pauvres en fleurs, ils peuvent faire une différence vitale pour les abeilles, les papillons et les bourdons.*

Les légumineuses

La famille des légumineuses (les Fabacées, anciennement appelée Papilionacées), qui inclut les haricots, les pois et les trèfles, crée des associations symbiotiques avec des bactéries. Celles-ci vivent dans des nodules au niveau des racines des plantes et fixent l'azote atmosphérique. Grâce à cette propriété, les légumineuses sont un engrais vert de premier ordre. Les plantes stockent 78 % de l'azote fixé par les bactéries. Quand elles se décomposent, l'azote se retrouve dans le sol, engrais naturel alors disponible pour les autres plantes.

Parmi les légumineuses, citons les vesces (*Vicia*), le lupin jaune (*Lupinus luteus*), le lupin bleu (*Lupinus augustifolius*), le lupin blanc (*Lupinus albus*), le trèfle de Perse, l'ornithope et le trèfle incarnat.

Les classiques

Il existe d'autres engrais verts classiques comme la moutarde, la phacélie, l'œillet d'Inde, le souci, le radis oléifère (*Raphanus sativus*) et l'épinard. Pour améliorer un sol lourd et compact, je vous conseille des espèces à enracinement profond comme les lupins, la moutarde, la fève, le trèfle de Perse, le trèfle rouge, le mélilot, le radis oléifère, le colza ou un mélange vesce velue (*Vicia villosa*), trèfle incarnat et raygrass d'Italie. Ces plantes produisent des racines-pivots charnues et très profondes qui ameublissent et aèrent le sol.

Avantage des engrais verts

De nombreuses plantes peuvent servir d'engrais verts. Elles germent et croissent vite en produisant beaucoup de biomasse végétale. On peut les faucher au bout de quelques semaines à peine et les apporter sur le compost ou les enfouir sur place, où elles serviront d'engrais immédiatement disponible. On peut aussi les laisser environ deux semaines à la surface du sol avant d'enfouir les restes décomposés à faible profondeur. La microfaune du sol se chargera de les décomposer et de les transformer.

Avantages des engrais verts :
- ils ombragent le sol et remplacent le paillage
- ils produisent de l'humus nutritif pour la culture principale
- ils inhibent la croissance des plantes sauvages
- ils s'opposent à l'érosion du sol par le vent et la pluie
- ils améliorent la structure grumeleuse de la terre
- ils ameublissent le sol
- ils améliorent la capacité de rétention d'eau du sol
- ils atténuent les variations de température à la surface du sol
- ils végétalisent les surfaces dénudées
- ils augmentent la densité des organismes du sol
- ils s'opposent au lessivage de l'azote.

◀ Un engrais vert avant la culture principale enrichit la terre en azote, assurant la croissance vigoureuse des haricots et des laitues.

▲ La moutarde peut se semer au printemps, en été ou en automne.

Quelques conseils

Vos engrais verts ne doivent pas appartenir à la même famille botanique que la culture qui les suivra. Ne plantez pas de Brassicacées ni de légumineuses en succession : pas de colza ni de moutarde avant des choux, pas de lupins avant des petits pois ou des haricots.

Une seule exception : la moutarde, qu'on peut planter avant les différentes sortes de choux. C'est elle aussi une Brassicacée mais elle n'appartient pas à la même sous-famille et ne risque pas de leur transmettre la hernie du chou. Mais ne semez pas de radis après elle.

UNE TERRE FERTILE

Tout jardinier devrait essayer de transformer sa terre de jardin en humus durable et fertile. Contrairement à l'humus nutritif, qui sert à nourrir immédiatement les plantes, l'humus durable doit posséder certaines propriétés chimiques et physiques.

La formation de l'humus

L'humus est la couche supérieure du sol, faite de matière organique et recouverte de feuilles mortes et autres matériaux. Toute la matière organique y est transformée par les lombrics et la microfaune du sol en une terre fertile, qui contient des nutriments assimilables par les plantes. Contentez-vous de couper les plantes au ras du sol. Les racines des plantes annuelles et vivaces doivent rester dans le sol et nourrir la microfaune du sol, contribuant ainsi à produire de l'humus.

Même quand le sol n'est pas exploité, l'humus ne cesse d'être consommé et reconstitué. Il n'y a que dans les écosystèmes stables, comme une forêt ou une prairie, que la teneur en humus du sol varie peu. Une exploitation intensive et la culture de légumes gourmands comme la pomme de terre, les choux et les tomates consomment l'humus. Inversement, le compost, le fumier biologique, les matériaux de paillage et les engrais verts le reconstituent, contribuant à améliorer et à restaurer le sol.

Un sol contenant 1 à 2 % d'humus est pauvre en humus, un sol contenant 4 à 8 % de sol est dit humifère.

La teneur en humus dépend des facteurs suivants :
- composition du sol
- texture du sol
- couverture végétale
- humidité
- climat
- utilisation du sol.

◀ Le compost mûr est foncé et friable, il contient des particules grossières et des particules fines, il a une odeur de forêt. L'« or noir » est incontournable dans un jardin.

Une terre vivante et humifère permet aux plantes de mieux résister aux maladies. Les limaces sont également moins nombreuses, mais seulement si on utilise du compost vraiment mûr. Le compost mûr ne contient ni escargots et limaces, ni vers du fumier, ni insectes et autres animaux. Les limaces sont attirées par la matière en décomposition, entre autres le compost encore partiellement décomposé (compost jeune). En revanche, elles évitent les couches d'humus fin et friable, dans lesquelles elles ne peuvent pas se glisser facilement.

Humus nutritif et humus durable

On appelle humus nutritif l'ensemble des composés organiques qui sont rapidement dégradés et transformés, y compris les organismes et les animaux du sol. L'humus nutritif est le point de départ de l'humus durable, car il contient les molécules indispensables à la synthèse des précieux acides humiques.

L'humus durable est constitué de liaisons complexes entre les particules d'argile et les acides humiques. C'est donc un produit « nouveau » fabriqué par les organismes du sol à partir d'une famille de molécules chimiques. Un apport de terre de jardin ou de poudre de roche dans le compost peut faciliter le processus. L'humus durable possède une bonne capacité de rétention d'eau et des nutriments et il contient la plus forte proportion d'azote du sol. Il contient donc une réserve d'azote que la croissance de la végétation ne réduit pas. Sa couleur sombre due à l'azote lui permet de se réchauffer plus vite au printemps.

▲ Un sol sain, des plantes saines. Le compost améliore la structure du sol et contient suffisamment de nutriments pour satisfaire les besoins des plantes.

>> *La formation de l'humus est un processus très long. Ne dit-on pas : « 100 ans pour 1 centimètre » ? Patience et bon entretien du sol sont nécessaires pour augmenter la teneur du sol en humus année après année.*

Le terreau du commerce

Dans les jardineries, on trouve un choix très large de terreaux, ainsi que des engrais et des produits pour toutes sortes de problèmes et de maladies. Mais avant d'acheter du terreau ou de l'engrais à rosier pour vos rosiers, du terreau à vivaces pour vos vivaces, du terreau et des produits phytosanitaires à rhododendron pour vos rhododendrons, creusons un peu plus le sujet.

Dans la nature, aucun expert n'a jamais mis de terreau spécial, d'engrais spécial ni de produit phytosanitaire spécial. Et pourtant, arbres, arbustes, plantes et graminées y poussent très bien sans notre intervention. J'évite d'acheter du terreau pour plusieurs raisons.

- L'origine des différents composants est inconnue.
- Presque tous les terreaux contiennent de la tourbe, parfois jusqu'à 90 % et même les terreaux allégés en tourbe peuvent en contenir jusqu'à 80 %. Or, l'exploitation de la tourbe détruit les précieuses tourbières : celles-ci sont le premier piège à CO_2 après les océans, les forêts et l'humus. L'exploitation de la tourbe libère le CO_2 qu'elle contient.
- Les terreaux sont étuvés et donc chauffés : ils sont morts, dépourvus d'organismes vivants.

Ils contiennent souvent des additifs de structure comme la fibre de coco. Les plantations de cocotiers détruisent de grandes surfaces de forêts tropicales.

- Leur transport à longue distance émet beaucoup de CO_2.
- Les terreaux contenant de la tourbe sont beaucoup moins chers que les terreaux sans tourbe : et pour quelle raison ?

Se passer de tourbe

Par nos achats, nous pouvons contribuer à sauvegarder l'environnement et les tourbières. Je vous invite à choisir des terreaux sans tourbe pour des raisons fondamentales :

- Les tourbières sont l'habitat de plantes et d'animaux spécifiques et leur destruction est irréversible.
- Les tourbières sont d'importants réservoirs à CO_2. Leur destruction libère ce CO_2 et contribue au changement climatique.
- La tourbe est vendue à un prix ridicule aux dépens de l'habitat unique et très précieux qu'elle constitue dans le milieu où elle est exploitée.
- Elle est transportée sur des milliers de kilomètres, contribuant encore au changement climatique.
- Enfin, la tourbe ne convient pas à la terre de jardin. Très pauvre en nutriments, elle est très acide avec un pH très bas. Les plantes ne parvenant plus à absorber les nutriments quand le pH est bas, la tourbe est pour elles une grande source de stress. Une fois que la tourbe est desséchée, elle n'absorbe plus l'eau. Elle est plus froide que la terre environnante d'environ 2 °C.

◄ Plantez les tomates obliquement : elles se redresseront rapidement et produiront plus de racines à la base de la tige, augmentant leur capacité d'absorption des nutriments.

▲ La terre des taupinières peut être récoltée presque toute l'année.

Recette de terreau à tomates

Vous avez besoin de terreau pour vos tomates en pot ? Je vous recommande de récolter au printemps la terre des taupinières ou des monticules de campagnols. Il n'y a rien de mieux, et en plus c'est gratuit ! Mélangez la terre avec du compost, une poignée de copeaux de bois et une poignée de poudre de roche. Mettez aussi deux poignées de feuilles d'ortie et de consoude au niveau des racines des tomates. Ces deux plantes contiennent de la silice et du potassium bénéfiques à la formation des cellules et à la floraison.

LE COMPOST, MERVEILLE DE LA NATURE

Le processus de compostage me rappelle le cycle biologique des papillons. Herbe, taille d'arbustes, déchets de jardin et de cuisine, restes de légumes et de fruits se transforment peu à peu en humus fertile, un peu comme un papillon se métamorphose : de l'œuf il devient chenille puis papillon. C'est la chrysalide. Pour moi, c'est une des merveilles de la nature.

La roue de la vie

Avant qu'une terre fertile naisse des restes végétaux et animaux, le tas de compost passe par différentes phases. Le compostage n'est pas qu'un processus de décomposition : c'est une transformation chimique radicale en plusieurs étapes, un processus de naissance et de mort, en quelque sorte. D'ailleurs, des philosophes comme Aristote, Pline ou Albert le Grand et même des alchimistes s'y étaient déjà intéressés. En agriculture biodynamique, le compostage du fumier est même très important pour activer la vie du sol. Le processus de compostage est aussi appelé fermentation, car la matière organique est décomposée par des bactéries et des champignons en conditions oxygénées (aérobies).

Le bon emplacement

Le coin à compost doit être facilement accessible par tous les temps et donc proche de la maison, au lieu d'être relégué au fond du jardin contre la haie du voisin. L'endroit doit être à l'ombre et abrité du vent et le sol doit être le plus plat possible. Le compost doit être en contact avec la terre pour faciliter l'arrivée des bactéries, des vers du fumier et autres organismes. Ne le placez donc pas sur un sol en béton.

Ne l'installez pas non plus sous les arbres, car leurs racines seraient continuellement fertilisées. Les jus de fermentation peuvent être récupérés au moyen d'une rigole ou d'une tôle ondulée. Ils serviront à fertiliser vos plantes.

◄ En soulevant votre compost avec une fourche, vous découvrirez toutes sortes d'animaux, à commencer par les vers du fumier très rouges, qui jouent un rôle majeur pour le compostage.

▲ Installez votre aire de compostage dans un lieu pratique qui vous évitera de longs trajets.

Choisir un composteur

Il existe différentes méthodes de compostage. Vous n'avez même pas besoin de bac à compost, vous pouvez vous contenter d'empiler votre compost dans un coin à l'ombre, sans aucun confinement. C'est certainement l'option la moins chère et celle qui demande le moins de travail. Mais elle ne plaît pas à tout le monde. Si vous achetez un composteur, ce n'est pas le choix qui manque. L'important est qu'il soit commode à manipuler. L'avant doit être d'accès facile ou amovible, ce qui facilitera les manipulations.

Un bac qui croît avec le compost

Plantez 4 pieux ou tiges métalliques à 1 m de distance de manière à délimiter un carré. Pour empêcher les pieux de pourrir, passez-les dans les flammes jusqu'à la formation d'une couche carbonisée. Celle-ci doit être assez longue pour dépasser encore de quelques centimètres une fois les pieux enfoncés dans la terre. Puis, à l'intérieur des pieux, posez des planches horizontales longues de 1,30 m, parallèles et alternées. À mesure que le tas de compost croit en hauteur, ajoutez des planches afin que le bac croisse en même temps.

Les planches ne doivent pas reposer directement sur le sol pour éviter leur pourrissement. Une couche de broyat d'écorce ou de gravier les protégera. Vous pouvez aussi choisir des planches en mélèze imputrescibles, qu'il sera inutile de traiter. Les planches n'étant pas fixées, il est possible à tout moment de les élargir ou de les enlever pour aérer le compost.

Montée en température

Dans un composteur carré, la température d'au moins 60 °C, nécessaire à la fermentation, n'est atteinte qu'au centre. C'est pourquoi le compost doit être retourné après quelque temps. Vers l'extérieur, le compost ne chauffe pas assez. Cela se voit bien quand brindilles, feuilles et morceaux de bois ne sont pas retournés, car ils conservent leur structure. En effet, les micro-organismes ne peuvent pas travailler efficacement à cause du manque de chaleur. Quand vous retournez le compost, mettez les parties extérieures du tas au centre et les parties inférieures au-dessus. Ainsi, le compost pourra fermenter de manière homogène.

>> *Votre compost doit toujours être couvert d'un vieux bout de moquette, d'un morceau de géotextile ou d'une natte en paille qui retiendront la chaleur et l'humidité. Le compost ne doit pas être trop trempé ni trop sec.*

▶ Un composteur en grillage est facile et rapide à construire et peut être réutilisé pendant des années. Mais comme il est ouvert de tous côtés, le compost ne chauffe qu'au centre. Couvert d'un film plastique noir, il chauffera mieux.

▶ CONSTRUIRE SON COMPOSTEUR

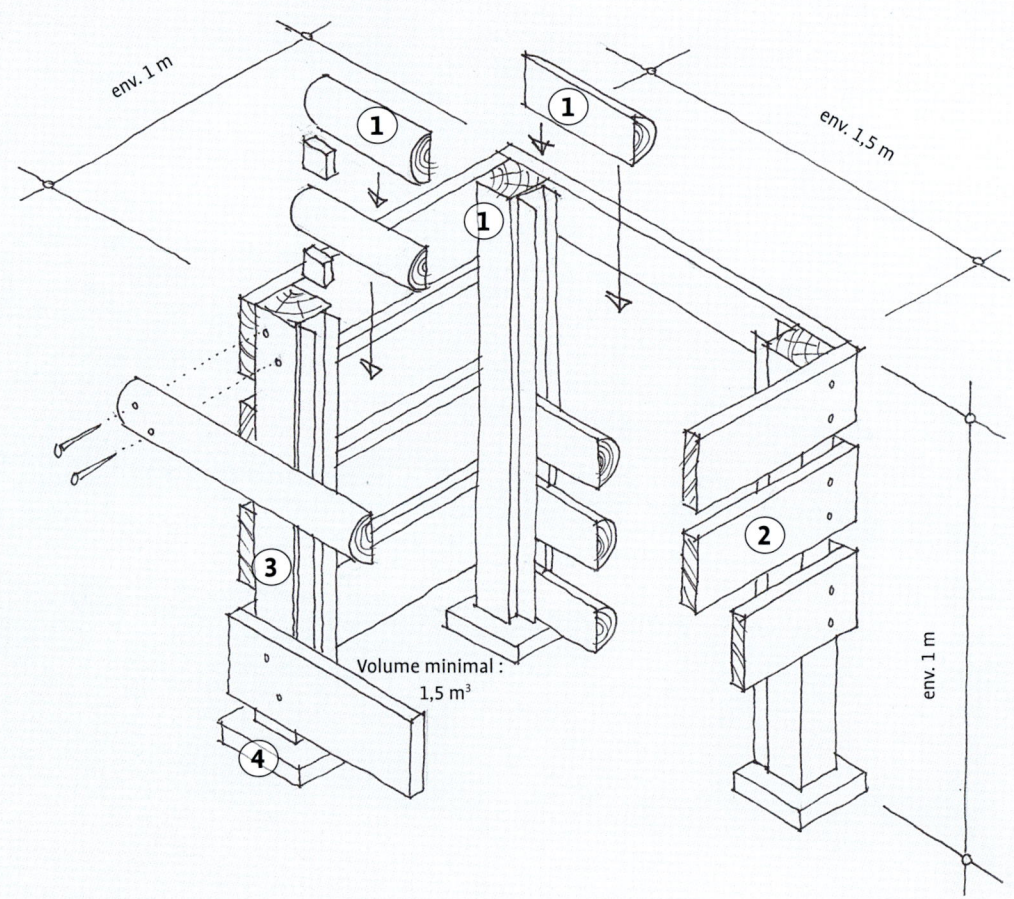

env. 1 m

env. 1,5 m

env. 1 m

Volume minimal :
1,5 m³

① Côté ouvrant en rondins de clôture maintenus
par des profils en aluminium

② Côtés fixes en planches

③ Pieux de 6 x 6 cm

④ Dalle, carreau ou autre

LES COUCHES DU COMPOST

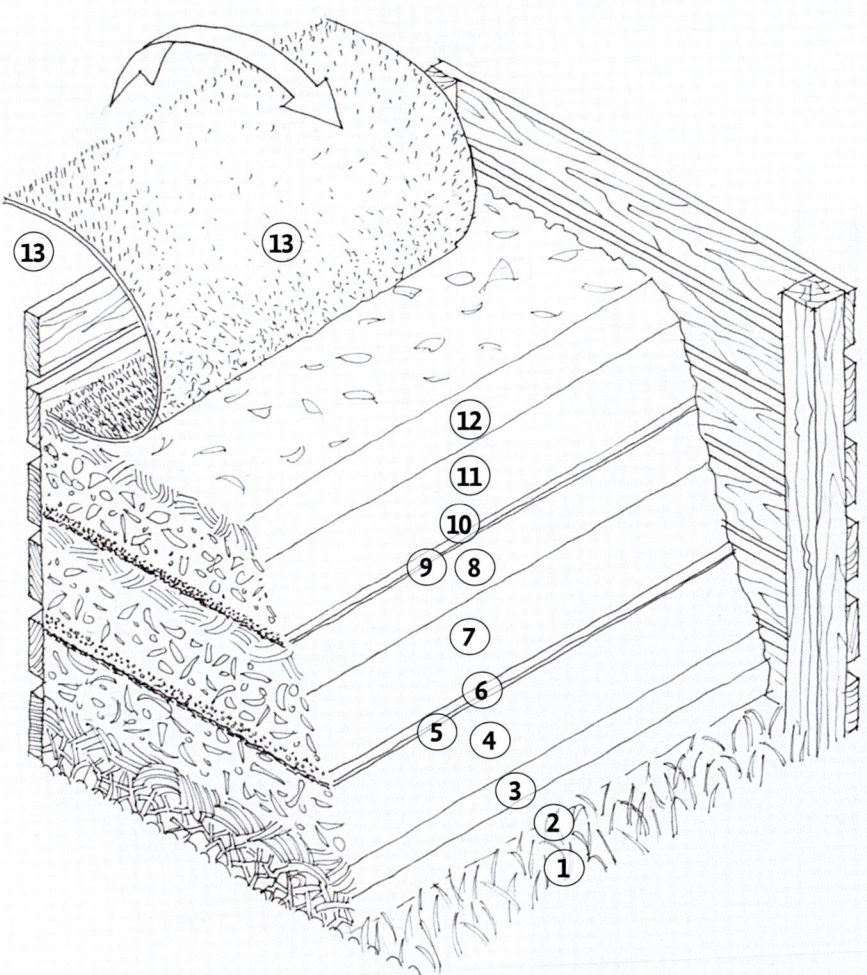

⑬ Couverture : film plastique, moquette ou autre
⑫ Couche de protection : foin, feuilles, broyat
⑪ 20 cm de matériaux mélangés comme décrit plus bas (7)
⑩ Terre de jardin
⑨ Fine couche de poudre de roche
⑧ 15 cm de feuilles et déchets de cuisine mélangés

⑦ 20 cm de déchets de cuisine, de tontes fraîches et de broyat mélangés
⑥ Terre de jardin : 3-4 pelletées
⑤ Fine couche de poudre de roche
④ 20 cm de matériaux frais et déchets de cuisine
③ 15 cm d'herbe sèche et de foin
② 15 cm de déchets de taille et de petites branches
① Sol enherbé

La seconde vie de mes poubelles

Par hasard, j'ai pu tester un autre type de composteur. La ville ayant remplacé nos vieilles poubelles rondes par des poubelles carrées, les poubelles rondes nous sont restées sur les bras. J'ai donc eu l'idée d'en faire des bacs à compost.

J'ai fait des trous dans le fond de la poubelle afin de laisser entrer l'oxygène pendant la fermentation. Les trous ne mesurent pas plus de 1 cm de diamètre pour interdire l'entrée aux souris. Sur les côtés, leur diamètre est de 2 cm. La poubelle étant noire, l'intérieur chauffe très fort, ce qui accélère la fermentation. La forme ronde assure le chauffage homogène du compost au-dessus de 60 °C. Dans un tel système clos, on peut tout composter, même les feuilles malades, les rameaux atteints de rouille grillagée du poirier, de rouille du rosier ou de mildiou. La poubelle ayant un volume réduit, les micro-organismes et les vers du fumier font leur travail en un temps relativement court.

Les bonnes dimensions

Même dans un petit jardin (jusqu'à 300 m²), il vous faut 2 bacs ou 2 tas pour travailler. Quand, au printemps ou en été, vous vous retrouvez avec beaucoup de tailles d'arbustes ou de feuilles mortes, stockez-les temporairement. Entre deux apports quotidiens ou hebdomadaires de déchets humides de jardin et de cuisine, il sera indispensable de déposer une couche de matériaux secs que vous pourrez prendre dans votre stock.

Il faut entre 1 et 2 ans avant que le compost ne soit mûr. Mûr signifie que tous les processus de décomposition sont terminés et qu'il ne reste plus aucun animal visible, cloporte, collembole ou ver de fumier. À ce stade, le volume de matière s'est considérablement réduit.

◄ Vous pouvez acheter un composteur tout prêt. Mais un récipient en plastique d'occasion, percé de nombreux trou au fond et sur les côtés et protégé de la pluie par un couvercle, fait aussi bien l'affaire.

▲ Avec le temps, un bac à compost en bois se décompose et se transforme lui-même en compost. Employez des planches de mélèze, plus chères mais beaucoup plus durables.

Si vous avez de grandes quantités à composter mais de la place pour un seul composteur, optez pour un modèle plus grand de 1,20 m de long par 1,20 m de large par 1 m de haut. Si, au contraire, vous avez peu de déchets de cuisine ou de jardin, un modèle fermé est préférable afin d'atteindre les températures nécessaires. Mais un composteur en bois à lattes espacées convient aussi. Une aération par les côtés est essentielle dans tous les cas pour empêcher le compost de pourrir.

Le secret : mélanger les matériaux

L'emplacement et le composteur étant prêts, vous pouvez maintenant monter votre tas de compost, couche après couche.

– La couche inférieure est constituée de broyat de bois, de paille ou autre matériau sec, et de petites branches. Son rôle est d'empêcher le pourrissement ; en effet, l'humidité et le poids du compost provoquent son compactage et une carence d'oxygène. Cette couche perméable de 20 cm permet à l'eau de s'évacuer.

– Pour les couches suivantes, le bon mélange des déchets est crucial pour le bon déroulement de la fermentation. Les matériaux frais comme les déchets de cuisine, l'herbe fraîche et les fruits tombés doivent être mélangés avec des matériaux secs tels que du broyat de bois, de la paille ou des tailles de haie broyées.

– Le rapport carbone/azote (C/N) idéal est autour de 30:1. Pour la composition du compost, cela signifie 20 % de matériaux carbonés (broyat, brindilles, feuilles) et 80 % de matériaux humides (tontes de pelouse, déchets de cuisine).

– Ajoutez des ingrédients tels que de la poudre de roche, du vieux compost, de la terre de jardin et de la bentonite. Le compost sera ainsi ensemencé avec tous les organismes dont il a besoin. Plus la composition est variée et meilleur sera le résultat.

Ce qui va dans le compost

Déchets verts du jardin, tontes de pelouse, restes de légumes et de fruits (de préférence non traités), feuilles, tailles de haie (broyées de préférence), coquilles d'œuf (écrasées) et boîtes à œufs en carton, sachets à thé et filtres à café (sans éléments métalliques), plumes naturelles d'édredon et de coussin, morceaux de vêtements en pure laine (sans éléments synthétiques ni métalliques).

Ce qui ne va pas dans le compost

Plantes malades (par ex. feuilles de tomate avec pourriture brune ou mildiou), plantes ayant des maladies contagieuses comme la moniliose ou le feu bactérien, aliments cuits, viande et charcuterie, restes de légumes et de fruits traités (par ex. zeste de citron), pommes de terre crues et épluchures de pomme de terre, fleurs à couper et plantes du commerce (généralement traitées avec des pesticides), absinthe (*Artemisia*), déchets ménagers, litière pour animaux, couches de bébé, sacs d'aspirateur, mâchefer, déchets de jardins situés au bord de voies très fréquentées (métaux lourds).

L'abc des ingrédients complémentaires

– La terre de jardin contient les micro-organismes indispensables à la fermentation.
– Le vieux compost contient bactéries, micro-organismes et faune du sol.
– La poudre de roche forme des complexes argilo-humiques stables (qui lient l'eau dans le sol) grâce à l'action des micro-organismes. De plus, elle fixe les particules odorantes.
– La poudre de basalte contient du calcium et du magnésium (mais en cas d'excès de calcaire, le sol risque d'être lessivé et l'humus de se dégrader).
– La bentonite, un minéral argileux, améliore la structure des sols sablonneux et retient bien l'eau (1-2 kg/m^3).
– La poudre de corne contient de l'azote et peut compenser une insuffisance de déchets humides ;
– Les préparations biodynamiques pour compost certifiées Demeter.

◄ Les tailles de thuya ou d'if n'ont pas leur place dans le compost, mais elles peuvent servir de paillage sous la haie. Les autres plantes ne les supportent pas, même l'égopode podagraire disparaît en leur présence.

>> *La règle de base : mélangez toujours des matériaux contraires, fins et grossiers, humides et secs, aérés et compacts. Ainsi, votre compost sera à la fois assez humide et assez aéré.*

Des problèmes de compost ?

Trop humide

Pour faire leur travail de décomposeurs, les micro-organismes ont besoin d'eau, d'oxygène, d'azote et autres nutriments. Il est essentiel que votre compost puisse respirer : veillez toujours à son aération. Si votre compost a une odeur désagréable, c'est généralement dû à un manque d'oxygène qui provoque le pourrissement du compost trop humide. Incorporez des matériaux secs tels que paille, foin ou broyat de bois pour rééquilibrer le compost. Sinon, des toxines s'y formeront et vous devrez vous débarrasser de votre compost.

Trop sec

Quand le compost est trop sec, la décomposition ne peut avoir lieu. Cela se produit souvent avec des tas de compost ouverts, surtout si l'emplacement est au soleil ou venté. Si vous voyez une moisissure grise se former à la surface, arrosez avec du purin de plante. Il se peut aussi que votre compost comporte trop de matériaux secs et ligneux. Dans ce cas, retournez-le en ajoutant des matériaux humides tels que tontes de pelouse ou restes de légumes et de fruits.

Trop chaud ou trop froid

Une fois que le bac à compost est bien rempli, la température monte jusqu'à 60 °C les premiers jours. S'il contient du fumier de cheval ou de mouton, le compost peut même devenir trop chaud. La cause en est peut-être un excès d'oxygène en présence d'un compost trop aéré. Compactez votre compost (mais pas trop).

Si la température est trop basse, il se peut que le compost contienne trop de terre ou de matériaux carbonés, par exemple des tailles de haie. Une couche intermédiaire d'herbe ou de fumier incorporée dans le compost devrait régler le problème.

Accélérateur de température

- 300 g de sucre
- 1 cube de levure de boulanger.

Diluez le tout dans 10 l d'eau à 40 °C. Arrosez régulièrement la surface du compost avec cette solution. 10 l suffisent pour 0,5 à 1 m³ de compost.

▼ Faites le test du cresson : si le cresson semé avec un peu de compost dans une soucoupe a les feuilles d'un beau vert, cela signifie que votre compost est mûr et peut être utilisé dans vos plates-bandes.

▲ Ce compost est trop humide, même pour les vers du fumier. Le compost est vraisemblablement trop froid.

▲ Des matériaux trop secs et en quantités insuffisantes empêchent le compost de se réchauffer assez pour que la fermentation ait lieu.

Les phases du compostage

Les étapes de la fermentation

– Les premiers jours, des processus microbiens provoquent un fort échauffement qui fait perdre leur caractère initial aux matériaux.
– Dans une deuxième phase, d'autres bactéries et des champignons (toujours plus nombreux) prennent en charge la décomposition de la matière organique et produisent des nitrates. Les acides carboniques en résultant décomposent la matière organique et transforment les protéines en ammoniac. Cette phase dure jusqu'à 3 semaines.
– Jusque-là, seuls des processus chimiques intervenaient. Maintenant, diverses espèces animales s'installent en grand nombre, notamment le ver du fumier (*Eisenia foetida*).

– Dans la dernière phase, le compost se stabilise peu à peu et finit de se former. Il reste encore de petites quantités d'animaux au travail, tels que coléoptères, cloportes et collemboles. Le compost a une agréable odeur de forêt.
– Le compost est mûr quand il ne contient plus de vers et qu'il est à la fois foncé et légèrement grumeleux. La maturation dure au moins 1 an.

Le compost est-il mûr ?

Mettez du compost dans une soucoupe et humectez-le, puis semez des graines de cresson. Posez la soucoupe dans un endroit clair mais sans soleil direct. Après 3 ou 4 jours, presque toutes les graines auront germé. Si les feuilles sont d'un vert tendre, le compost est mûr et utilisable. Si elles sont jaunes ou brunes, le compost n'est pas encore prêt et les plantes ne le supporteraient pas.

QUE FAIRE DES FEUILLES MORTES ?

À l'automne, quand les feuilles mortes se ramassent à la pelle, beaucoup
de jardiniers se sentent dépassés et les emportent à la déchetterie.
Mais les feuilles sont de la matière précieuse : c'est encore mieux si
elles restent dans votre jardin, comme tous les autres déchets de jardinage.

Paillage ou compost ?

Si vous avez beaucoup de feuilles, aménagez
un stockage temporaire. Les feuilles sont un
excellent matériau de paillage utilisable toute
l'année. Dans le compost, les feuilles sèches
peuvent servir de couche intermédiaire entre
2 couches de matériaux humides.
On me demande souvent quelles feuilles
peuvent aller au compost. En fait, toutes
sont compostables. Toutefois, les feuilles
de noyer et de chêne contiennent beaucoup
de tannins et leur compostage est
beaucoup plus long.

Des feuilles pour préparer les semis

Voici une méthode pour préparer à l'automne vos planches de semis du printemps suivant. Répandez généreusement des feuilles de noyer ou de chêne sur la terre. Les tannins inhibent la germination des plantes sauvages. Au printemps, ramassez les feuilles pour laisser le sol se réchauffer, puis semez ou plantez.

Une autre méthode consiste à répandre du compost à l'automne et à l'enfouir dans les premiers centimètres de terre, puis à recouvrir la terre d'une couche de feuilles de noyer ou de chêne, ou autres feuilles à votre disposition. Posez par-dessus des branches et des rameaux pour empêcher le vent d'emporter les feuilles. L'avantage de cette méthode est que les organismes du sol, abrités par les feuilles, incorporent le compost dans le sol pendant l'hiver. Le printemps venu, vous n'aurez pas besoin d'ajouter de compost ni d'engrais.

Cette méthode me permet d'agrandir la surface de stockage des feuilles et des tailles d'arbres en automne.

Une ressource pour le sol

Chaque espèce d'arbre accumule des substances spécifiques. Les feuilles de hêtre contiennent beaucoup de calcium, celles des aulnes contiennent du potassium. Au cours de leur décomposition, les feuilles restituent ces nutriments au sol et l'enrichissent, d'où leur importance pour les jardiniers.

Il est donc possible d'employer les feuilles de manière ciblée pour certaines plantes. Les feuilles de noyer et de chêne, riches en tannins, conviennent très bien aux plantes de milieu acide : plantes pour terre de bruyère, myrtille, airelle, bruyère, callune ou rhododendron.

>> *Vous pouvez accélérer la décomposition en hachant les feuilles riches en tannins avec des tontes de pelouse avant de les ajouter au compost. Plus les feuilles sont hachées finement et plus vite elles seront décomposées par les micro-organismes.*

◄ On obtient le meilleur humus avec un mélange varié de feuilles. Demandez au voisin de vous donner les siennes avant qu'elles finissent à la déchetterie.

LA TERRA PRETA

Depuis quelques années, une découverte fait fureur dans le monde entier : des chercheurs ont découvert en Amérique du Sud une terre noire très fertile dont on ne s'expliquait pas bien l'origine. Habituellement, les sols des forêts tropicales sont pauvres, car sous ces climats le cycle de nutriments est très rapide, empêchant l'humus de s'accumuler.

▲ Les cycles biologiques rapides de la forêt tropicale expliquent son foisonnement extraordinaire. À peines mortes, les plantes deviennent de l'humus aussitôt assimilé par d'autres plantes. L'humus durable ne peut donc pratiquement pas s'y former.

Une terre noire miraculeuse

La Terra preta (*terre noire* en portugais) a été d'abord découverte dans des villages indiens de la forêt amazonienne au Brésil, en Colombie et en Équateur. Mais on pense que les sites à Terra preta jusqu'ici mis à jour ne sont qu'une petite partie des surfaces existantes. On a depuis trouvé des sols semblables en Afrique, en Asie et en Europe. La Terra preta atteint des profondeurs de quelques mètres et sa formation prend des siècles. Apparemment, ces sols ont été intensément cultivés pendant la même période sans avoir perdu leur fertilité.

Un procédé ancien

Dans la Terra preta, on a trouvé des restes de charbon végétal (de bois ou de plantes) ainsi que des traces d'excréments humains, de fumier, d'os, d'arêtes de poisson et de cendres. Ces différents déchets avaient été partiellement compostés et l'activité microbienne du sol avait fini par produire la Terra preta, un processus dans lequel l'ajout de charbon végétal joue un rôle déterminant, car ainsi seul de l'humus stable est produit.

Le charbon végétal, clé de la Terra preta

Le charbon végétal (*biochar* en anglais) n'est pas un engrais, mais un habitat très favorable aux micro-organismes, qui sont en mesure de stocker durablement l'eau et les nutriments dans ses pores. À base de bois ou de plantes, le charbon végétal est lui-même peu sensible à la décomposition microbienne et subsiste très longtemps dans le sol, rendant les engrais superflus. Mais avant d'être incorporé dans le sol, il doit subir un processus d'activation biologique. La Terra preta est donc produite par l'activité microbienne.

Les avantages de la Terra preta

- Les nutriments sont mieux retenus dans le sol.
- Le sol absorbe bien l'eau et la retient bien.
- Le sol est bien aéré et contient beaucoup d'oxygène.
- Le sol ne craint ni l'humidité ni la sécheresse.
- Il contient de nombreux composés azotés et phosphorés.
- Il possède une très forte densité de bactéries nécessaires à la transformation de la matière organique.
- La Terra preta est légèrement acide à neutre.
- Son taux d'humus élevé est une protection contre le lessivage des nutriments.

▲ Profil d'un sol de forêt tropical à Terra preta. La profondeur de la couche, distinctement noire, est bien visible.

>> *La Terra preta permet d'obtenir un sol de grande qualité, à la structure grumeleuse, ayant une capacité de rétention d'eau élevée et une vie du sol active. Il est possible d'atteindre des teneurs en humus de 15 %. La Terra preta nous aide donc à reconstituer ou à augmenter l'humus de nos sols.*

FABRIQUER SA PROPRE TERRA PRETA

La Terra preta est bien adaptée à la permaculture.
C'est un ingrédient important pour améliorer ou reconstituer
un sol, piéger le carbone et alimenter correctement les plantes.
Voici 2 techniques pour le fabriquer soi-même.

La technique du compost

Si vous avez déjà du compost dans votre
jardin, tant mieux, car vous en aurez besoin
pour la suite. Mais attention : il vous faut du
charbon de bois, pas des cendres. Le charbon
de bois résulte d'un processus de pyrolyse.
Si vous avez un poêle à bois à double combus-
tion, il en résulte du charbon de bois que vous

pourrez utiliser. Vous pouvez également
l'acheter ou récupérer les restes de
vos barbecues.
   Je commence par humidifier mon charbon
de bois mélangé à des herbes vertes et à des
tailles d'arbustes, puis je broie finement le
tout. L'humidité est nécessaire pour éviter
les bourrages pendant le broyage. Recoupez
d'abord les gros morceaux de charbon de bois.

Intercalez maintenant le mélange haché dans votre compost en répandant le charbon de bois en couche fine sur les différentes couches de compost.

Au début, comptez 15 à 20 l de charbon de bois par mètre cube de compost. À chaque nouvel apport, diminuez la quantité de charbon de bois jusqu'à 5 l par m³ de compost, sinon le taux de charbon de bois serait trop élevé, inhibant la croissance des plantes.

La fermentation

Pour cette technique, il vous faut de grands bidons en plastique hermétiques et qui ferment, d'au moins 1 m de diamètre, que vous pouvez acheter dans un magasin de bricolage. Le charbon de bois doit être préalablement ensemencé avec des micro-organismes efficaces (EM), du purin de plantes ou des bactéries lactiques comme celles du petit-lait ou du moût de pain (*Brottrunk* en allemand et nom sous lequel on le trouve dans le commerce). Mélangez le charbon de bois dans une bassine avec des micro-organismes efficaces (EM), le petit-lait ou le *Brottrunk*.

Ensuite, faites des couches. Remplissez votre bidon comme vous le feriez avec votre composteur. Mettez d'abord un peu de charbon de bois, puis une couche de légumes, fruits ou déchets de cuisine, et une couche de foin, de paille ou de feuilles mortes, et recommencez. Ajoutez de temps à autre un peu de poudre de roche et de terre de jardin, et, idéalement, quelques pelletées de vieux compost. Vous pouvez aussi incorporer tout type de fumier animal provenant bien sûr d'un élevage biologique. Le mélange final ne doit pas être trop humide.

Compactez le tout en le piétinant afin de diminuer l'oxygénation du tas. Refermez bien le couvercle et laissez reposer 4 à 6 semaines. Enfin, répandez le contenu sur la terre du potager. Sa transformation en humus se déroulera au semestre suivant. Paillez le sol. En répandant la Terra preta à la fin de l'automne, les planches de culture pourront être plantées dès le printemps suivant. Aucune fertilisation supplémentaire n'est nécessaire.

>> *Au cours de la fermentation, les nutriments se lient au charbon de bois et des enzymes ainsi que des antioxydants sont produits. Ces derniers fortifient le sol et les plantes, contribuant à leur santé.*

◀ La Terra preta, foncée et presque noire, est un excellent produit pour votre jardin.

PROTECTION BIOLOGIQUE

La protection biologique de vos plantes commence par l'évitement des problèmes. Nous l'avons vu, cela passe par l'attention apportée au sol, à la biodiversité mais aussi au choix de plantes et de leur emplacement, les modes de fertilisation retenus et les soins courants. Le principe de base étant que plus sol est en bonne santé, mieux vos plantes se portent.

L'exemple de la nature

Là encore, l'approche holistique de la permaculture a aussi toute son importance : il faut s'inspirer de la nature. On peut ainsi se demander si des plantes ou des arbustes originaires d'autres pays peuvent vraiment bien se porter sous un autre climat. J'ai moi aussi à peu près tout essayé, acheté... et enterré. Au bout d'un an à peine, les plantes méditerranéennes sensibles au gel avaient eu toutes les maladies, depuis les altises et les araignées rouges (des acariens) jusqu'au mildiou et à la cochenille. De plus, il fallait rentrer tous les automnes les lauriers-roses, les lauriers-sauce, les oliviers et les orangers, chaque année plus lourds, et les ressortir au printemps. Ceux qui avaient survécu étaient souvent faibles et malades car les conditions de vie étaient loin d'être optimales. Il en va de même avec les plantes exotiques, dont les besoins sont bien différents de ce que nous pouvons leur offrir sous nos climats.

Se poser les bonnes questions

Il faut donc bien s'informer avant d'acheter une plante car il s'agit d'un être vivant : quelles sont ses conditions de vie, comment s'associe-t-elle aux autres plantes, aura-t-elle suffisamment de place dans l'emplacement prévu, aura-t-elle assez de soleil, préfère-t-elle les sols acides ou alcalins, sablonneux ou limoneux, quels sont ses besoins en fertilisation ?

Répondez à toutes ces questions afin de pouvoir éviter les problèmes dès le départ. Quand les besoins d'une plante sont satisfaits, elle est rarement infestée de maladies ou de ravageurs. Ceux-ci prennent le dessus sur les plantes trop fertilisées ou insuffisamment alimentées en nutriments.

Nuisibles ou utiles ?

Les êtres vivants du jardin ne sont pas tous nuisibles ou utiles. Environ un quart d'entre eux peut-être considéré comme nuisible et un quart comme utile. La moitié peut donc être considérée comme neutre. Mais dans un éco-système, ils ont tous un rôle important à jouer. C'est pourquoi il est si important d'apprendre à connaître le plus grand nombre possible d'espèces animales et végétales afin de ne pas les exterminer. Les pucerons ne sont pas plus nos ennemis que les taupes. Ils font partie du cosmos et ont aussi le droit de vivre. Pour ne pas avoir de problème avec eux, il faut penser et agir de manière éclairée, prudente et préventive.

▲ Les fleurs des orangers nains ont une odeur magique mais, dans mon jardin, leurs fruits ne sont pas aussi aromatisés ni aussi sucrés que dans leur région d'origine.

≫ *Les plantes affaiblies sont plus souvent infestées que les autres. Le choix de la variété, l'emplacement et la qualité du sol sont des facteurs décisifs pour leur santé ultérieure.*

◄ Beaucoup de jardiniers ne savent pas que la taupe est très utile. Elle aère le sol, dévore les vers blancs, les larves fil-de-fer et autres ravageurs, contribuant à nettoyer le sol.

À chaque problème sa plante

Plus la biodiversité est grande dans un jardin et moins il est nécessaire d'intervenir. Si vous maintenez votre sol en bonne santé et bien équilibré en nutriments, il est inutile de vous inquiéter pour vos plantes.

Prévenir, renforcer, fertiliser

Les plantes suivantes sont particulièrement efficaces pour la prévention des maladies, car elles ont un spectre d'action plus large que les autres plantes : la prêle des champs, l'ortie et la tanaisie. Leurs décoctions renforcent les défenses des plantes et agissent sur les maladies déclarées.

Derrière un épandage printanier de compost, les purins de plantes agissent en été comme un engrais rapide. Administrées en purin, en décoction ou en infusion, les plantes sauvages ont une action curative, nutritive et plus généralement stimulante sur les plantes du jardin. Elles contiennent un large éventail de minéraux qui nourrissent à la fois les plantes et la vie du sol. Vous pouvez très bien mélanger les plantes sauvages dans un même purin.

La recette de base des purins de plantes

Remplissez un seau au moins à moitié d'orties ou autres plantes, finissez de le remplir avec de l'eau de pluie, fermez-le, installez-le au soleil et remuez tous les 2 ou 3 jours. En cas de mauvaises odeurs, ajoutez une tasse de poudre de roche. Selon l'usage attendu, laissez fermenter plus longtemps ou diluez le purin pour un usage immédiat.

La protection biologique des plantes

La protection biologique des plantes passe par plusieurs actions ciblées :
– l'association de plantes cultivées
   et de plantes sauvages
– le choix des espèces, des variétés
   et des plants

◀ Ne préparez jamais vos purins
   d'ortie ou d'autres plantes dans un
   récipient métallique, mais unique-
   ment dans un récipient en bois,
   en terre cuite ou en plastique.

- les rotations de culture
- les associations de culture
- l'entretien et l'amélioration du sol. La dilution dépend de la quantité de plantes et de la durée de fermentation. Il faut diluer les purins au moins par 1:15 pour éviter de brûler les plantes aspergées. Filtrez les restes de plante avant d'asperger.

Décoction de prêle

Le purin de prêle a une action préventive contre la maladie des taches noires, la rouille du rosier et le mildiou.

Mettez 100 g de plante fraîche ou 30 g de plante sèche dans 1 l d'eau, laissez reposer 24 h puis faites bouillir 30 min. Diluez dans 5 fois le volume d'eau, filtrez et aspergez préventivement ou en cas d'attaque. Retraitez immédiatement après une pluie. En cas d'attaque, aspergez tous les jours ; en prévention, 2 aspersions par mois suffisent.

Décoction de tanaisie

La décoction de tanaisie est un engrais foliaire qui fortifie la plante, affaiblit les ravageurs et combat les maladies.

Mettez 300 g de fleurs ou de plante séchée dans 10 l d'eau, laissez reposer 24 h puis faites bouillir 30 min et filtrez. La décoction se conserve quelques jours.

Utilisez votre décoction en cas de forte infestation de pucerons ou d'acariens, ou préventivement contre le mildiou et la rouille. Au printemps et en été, aspergez vos plantes avec de la décoction non diluée. Utilisez du purin de tanaisie en cas de forte attaque de charançon du fraisier, d'hibernie défeuillante, de ver de la framboise (adultes) ou de phytopte du framboisier, ou en prévention contre le mildiou et la rouille.

▲ La décoction de prêle des champs a une action préventive contre la maladie des taches noires, la rouille du rosier et le mildiou.

▲ La tanaisie a une action de renforcement des plantes et de leurs défenses.

Des décoctions pour tous les maux

- **Le raifort** (*Armoracia rusticana*) prévient la cloque du pêcher et la moniliose chez les fruits à noyaux. Aspergez préventivement la décoction ou l'infusion sur les plantes et la terre en été, puis sur les fleurs au printemps suivant.
- **L'absinthe** active les défenses des plantes contre les pucerons, les fourmis, les acariens, la piéride du chou et la rouille du groseillier.
- **Le purin d'ortie** dilué au 1:15 élimine les pucerons, stimule la croissance des feuilles et l'humification du sol.
- **Le pissenlit** fait remonter le fer des couches profondes et combat la chlorose. Le purin et l'infusion stimulent la croissance et la production de beaux fruits.
- **La digitale** stimule la croissance, diminue les affections pathogènes et améliore la qualité de conservation des pommes.
- **L'ail** en culture associée prévient les maladies fongiques. En infusion ou en purin dilué, il est efficace contre les pucerons.
- **La fougère-aigle** (*Pteridium aquilinum*) et la **fougère mâle** (*Dryopteris filix-mas*) apportent du potassium. En purin contre la cochenille sur les arbres fruitiers et contre les limaces, en prévention contre les maladies fongiques, la rouille et le mildiou.
- **La camomille vraie** (*Matricaria chamomilla*) prévient les maladies du sol et racinaires et stimule la croissance.
- **La rhubarbe** en purin, en décoction ou en infusion est efficace contre les pucerons noirs.
- **Le chou** en purin est un fertilisant qui régule le cycle du soufre des plantes et du sol.
- **Le souci** est bénéfique à la santé et à la croissance de toutes les plantes, en particulier la tomate et le chou.
- **L'achillée millefeuille** en aspersion renforce les défenses contre les insectes et les maladies fongiques.
- **La tomate** en aspersion stimule la croissance des tomates, des haricots, des courges et autres légumes. Elle protège les choux de la piéride.
- **L'oignon** a une action préventive contre la moisissure grise des fraises, la pourriture de la pomme de terre (feuilles et tubercules), les maladies fongiques des arbres fruitiers, et prévient la rouille du groseillier et autres petits fruits. Il est efficace contre la jaunisse de l'aster et il est bénéfique aux rosiers et aux Liliacées.
- **Le sureau** en purin lutte efficacement contre la mouche de la carotte.
- Les décoctions ou infusions de **pissenlit, d'absinthe, de camomille, de prêle** stimulent la croissance racinaire des jeunes plantes.

Se passer de pesticides

Avant de déclarer une guerre, vérifiez d'abord l'intensité de l'infestation. Souvent, des animaux utiles ou auxiliaires interviennent et nous n'avons rien à faire. Auxiliaires et ravageurs se maintiennent généralement en équilibre. S'il n'y avait pas de nuisibles, il n'y aurait pas non plus d'auxiliaires ! La prévention et l'observance de quelques règles simples permettent d'éviter la plupart des problèmes : soins du sol, rotations, cultures associées avec des herbes et des fleurs.

Faire intervenir des alliés

Les plantes peuvent avoir une action préventive sur d'autres plantes et les aider en cas de maladie. L'expérience des cultures associées nous fournit de très nombreux exemples de plantes qui se renforcent mutuellement. Ainsi, de l'ail entre les fraises, les salades ou les carottes inhibe les maladies cryptogamiques. Plantée entre les arbres fruitiers, la menthe poivrée intensifie la saveur des fruits. Les orties ont le même effet sous les pommiers et les pommes se conservent plus longtemps.

L'œillet d'Inde éloigne les nématodes, des vers qui parasitent les racines, ainsi que de nombreux insectes repoussés par son odeur. Les fourmis n'aiment pas l'odeur de la rue des jardins (*Ruta graveolens*) ni l'huile essentielle de lavande. D'autres insectes ne peuvent absolument pas sentir la sauge (*Salvia*).

Dans les jardineries, on trouve divers auxiliaires contre les ravageurs. Certains se présentent sous forme de poudre à diluer dans l'eau d'arrosage, par exemple des nématodes contre les charançons. D'autres sont déposés directement sur les plantes, principalement sous serre, par exemple les acariens mésostigmates contre les araignées rouges, ou les thrips ou des guêpes parasites contre les aleurodes, ou encore les larves de cécidomyies contre les pucerons.

Prendre des mesures simples

La météo ayant une forte influence sur les cultures, les pucerons sont beaucoup plus fréquents certaines années. Un jet d'eau puissant suffit le plus souvent à les faire partir. En cas de maladie cryptogamique, couper les parties malades est une mesure efficace. Les années pluvieuses, seul un ramassage régulier peut limiter l'invasion de limaces. Plantez aussi des soucis ou de la lavande autour de vos cultures pour rebuter ces dernières. Un filet ou un géotextile couvrant les plantes donne aussi des résultats, à condition de ne laisser aucune ouverture et que la terre soit vierge de limaces ou de pontes de limaces.

La nature cherche toujours à rétablir l'équilibre

L'équilibre entre auxiliaires et ravageurs n'est atteint que lorsqu'il y a autant de facteurs favorables que de facteurs défavorables agissant sur les plantes. C'est l'équilibre des populations.

Afin de mettre fin à la perte de biodiversité, il est nécessaire de nous interroger sur notre

▲ Les soucis améliorent le sol et, plantés autour des cultures, ils éloignent les limaces. En plus, ils sont beaux et se ressèment tout seuls.

comportement quotidien et sur notre attitude envers les plantes et les animaux indésirables.

Quelle importance et quelle fonction un insecte a-t-il dans l'écosystème avant que nous l'écrasions ou l'aspergions de poison ? Chaque animal ou plante est un chaînon important de la vie et remplit une fonction particulière. La destruction irréfléchie d'espèces par l'humanité conduit à la destruction de nos propres conditions de vie. Nous devons comprendre que la préservation de la biodiversité concerne aussi les soi-disant nuisibles. Ils font partie de la création et sans eux il n'y aurait pas d'espèces utiles.

VOTRE JARDIN SANS EFFORT

Vous avez noté vos observations et fait le croquis de votre jardin idéal. Les relations et les interactions à l'œuvre dans la nature, le sol et ses habitants n'ont plus de secrets pour vous. Vous n'êtes plus pris de panique à la vue d'un puceron ou d'un insecte inconnu. Vous avez peut-être même déjà choisi les plantes et variétés à cultiver ainsi que l'emplacement du compost, du coin sauvage avec ses orties et éventuellement de la future mare. Il ne reste plus qu'à se mettre au travail.

LE JARDIN DU FUTUR

Un jardin en permaculture a des avantages inestimables, non seulement pour les plantes et les animaux, mais aussi pour le jardinier. Je vous promets un jardin sans effort, sans bêchage, sans arrosage ni sarclage et pourtant productif. Vous êtes sûrement impatient de savoir comment ça marche et ce que vous pouvez faire ?

Travaillez le sol de la bonne façon

Au cours de mes stages et conférences, je ne cesse d'entendre des jardiniers expérimentés affirmer qu'ils retournent chaque année la terre de leur jardin. Pourtant, ce n'est pas la meilleure préparation pour beaucoup sols. Le sol ne s'ameublit pas du simple fait d'être retourné ; au contraire, il lui arrive même de croûter en surface. En outre, le retournement récurrent de leur habitat fait disparaître les organismes du sol. Il y a d'autres façons de travailler le sol. Là encore, l'observation est indispensable pour découvrir la méthode la mieux adaptée à votre sol.

◀ Le paillis protège le sol nu entre les plants de courgette, empêchant son dessèchement et son érosion.

▲ Le désherbage avec un sarcloir oscillant est bien meilleur
pour le sol et c'est aussi une activité méditative et apaisante.

Le sol est très dur ?

Décompactez le sol avec une bêche à dents
ou une grelinette. Plantez-la tous les 20 cm
environ et remuez-la en tous sens. Cela suffit
à aérer la terre et à laisser pénétrer l'eau.
En retournant un sol dur, vous détruiriez
les couches de sol les plus précieuses.

Le sol est envahi d'herbe et de plantes sauvages ?

Quand le sol est très compact et envahi de
végétation, un retournement initial peut être
nécessaire. Si vous avez le temps de commencer dès l'été, préparez le sol pour le printemps
suivant en couvrant la terre d'au moins 20 cm
de paillis ou mulch. La décomposition progressive du paillis nourrit et active la vie du sol.
De plus, le mulch retient l'humidité et étouffe
les plantes sauvages. Cette activité suffit pour
ameublir le sol au bout de plusieurs mois.

Pour finir, plantez des légumes à enracinement profond comme la pomme de terre
ou semez des engrais verts comprenant
des légumineuses comme les petits pois
ou les haricots.

Paillez contre l'égopode podagraire

Le chiendent et l'égopode podagraire se multiplient par leurs racines traçantes. Pour vous
en débarrasser, recouvrez-les de plusieurs couches de carton épais ou de géotextile noir.
Déversez par-dessus 10 à 15 cm de terre,
sur laquelle vous pouvez faire pousser diverses
plantes à enracinement superficiel comme
l'épinard, la mâche ou le fraisier des quatre
saisons pour dissimuler le carton.
Cette couverture empêche la photosynthèse
et les racines finissent par mourir. Cette technique vous épargnera l'arrachage fastidieux
de cette plante.

Le paillage
n'a rien de magique

Au lieu de retourner la terre, couvrez-la toute
l'année. Tous les déchets végétaux peuvent
servir de paillage. Après la récolte, laissez
les feuilles et autres restes en place sur la
terre. Les feuilles d'ortie, de consoude et
de rhubarbe, l'herbe sèche, le foin, la paille
et le broyat de bois ont un impact positif sur
la vie du sol.

   Le paillis d'écorce est en revanche
déconseillé dans les planches de culture et
les plates-bandes en raison de sa teneur élevée
en tannins, voire en métaux lourds.
Les tannins de l'écorce inhibent le développement des plantes sauvages, mais ils acidifient
le sol et le privent de son azote.

>> *Si vous manquez de matériaux
de paillage : tontes de pelouse,
feuilles ou broyat de bois etc. pourquoi ne pas demander à votre voisin ? La plupart des gens seront
contents de s'économiser un voyage
à la déchetterie.*

Ne pas forcer sur la fertilisation

« Moins d'engrais », telle est la devise de la permaculture. La plupart des jardins sont de toute façon beaucoup trop fertilisés. Pour les légumes gourmands comme la pomme de terre, la tomate, la courgette ou le chou, il suffit d'incorporer au printemps du compost, de la corne broyée et de la poudre de roche. Laissés sur place en hiver, le mulch, les restes de végétaux et les feuilles seront faciles à incorporer dans la terre au printemps. Attention aux taupes, qui peuvent hiberner sous une couche de paillage trop épaisse.

Les engrais verts peuvent être semés presque tout l'hiver. Semés à l'automne, ils sont faciles à incorporer au sol au printemps suivant. Semés au printemps, ils préparent le sol pour les légumes et les fleurs sensibles au gel que vous planterez à partir de mai.

N'utilisez jamais d'engrais de synthèse comme l'engrais bleu. Aucun engrais chimique n'est autorisé d'ailleurs en agriculture biologique. Ces engrais ne contribuent nullement à produire de l'humus ni à améliorer le sol ; au contraire, ils sont nuisibles aux micro-organismes et aux animaux du sol.

Prudence avec la paille ! N'employez que de la paille d'origine biologique, car les céréales utilisées en agriculture conventionnelles sont traitées avec des régulateurs de croissance. Ces substances inhibitrices empêchent par exemple les plantes grimpantes de pousser en hauteur. Ces produits ne disparaissent pas, même après un long stockage.

▲ On trouve un peu partout des broyeurs à végétaux en location pour produire un excellent paillage à partir de vos déchets de bois et de taille.

≫ *Ne fertilisez qu'avec des matériaux organiques comme le compost, le fumier biologique et la corne broyée ou en poudre.*

◄ Les feuilles de rhubarbe sont un excellent matériau de paillage. De plus, les limaces fuient l'acide oxalique qu'elles contiennent.

Arrosez un peu... pas du tout

Depuis que je cultive mon jardin en permaculture, je n'arrose presque plus.
C'est certainement dû aux buttes de culture,
qui retiennent si bien l'eau, mais encore plus
au paillage permanent. Je n'arrose que les
plantes en pots, les jeunes semis, les plantes
repiquées et, en cas de sécheresse prolongée,
les pommiers et les framboisiers. Les frambo-
siers ont des racines superficielles et, après
des semaines sans pluie et de grosse chaleur,
la couche de paillage ne suffit plus à limiter
l'évaporation. Quant aux pommes, il leur
faut suffisamment d'eau pour produire
des fruits sains.

L'arrosage rend les plantes paresseuses !

Pour vivre, toutes les plantes vont chercher
elles-mêmes l'eau jusque dans les couches profondes du sol. Mais si on les arrose continuellement, elles ne produisent pas de racines profondes. Habituées à leur arrosoir quotidien,
elles ne font plus l'effort d'allonger leurs
racines. Biner et pailler sont des solutions
plus efficaces.

Attention, acidification du sol

Quand l'eau d'arrosage provient presque
exclusivement du robinet, le sol peut s'acidi-
fier, en d'autres termes il devient salé.
En Californie, des surfaces considérables

ont déjà dû être abandonnées à la suite de décennies d'arrosage et d'irrigation. Apprenez plutôt à vos plantes à se sevrer de vos arrosages réguliers.

Désherbage superflu

Désherber est plutôt nuisible au sol et aux communautés végétales. L'arrachage des plantes détruit l'harmonie du sol et lui fait courir un risque d'assèchement. N'oubliez pas que chaque plante joue un rôle particulier pour le sol. Contentez-vous de réguler une plante lorsqu'elle est trop envahissante afin que vous légumes puissent se développer. Lorsqu'une espèce très vigoureuse comme le liseron ou le chiendent se répandent, arrachez les racines avec le reste de la plante. Les plantes sauvages sarclées produisent un purin excellent avec lequel vous pourrez fertiliser et fortifier vos plantes.

Clairsemées, les plantes sauvages ne font pas concurrence aux cultures ; au contraire, elles contribuent à leur santé et diminuent les dégâts des limaces. Une exception : la terre doit être propre et nue au moment de semer, car les plantes sauvages feraient une concurrence trop forte aux jeunes plantules. Enfin, le paillage vous aidera à limiter ou à éliminer les plantes sauvages.

◄ Quand le sol reçoit des soins corrects, l'arrosage est quasiment superflu. Vous verrez que vous obtiendrez des récoltes abondantes même sans apport d'eau.

▲ Cultivateur, sarcloir oscillant ou binette : tous ces outils servent à biner et, le cas échéant, à sarcler les plantes sauvages.

Binez et sarclez

Suivant le type de sol, son état et la plante concernée, on a le choix entre différents outils. Je trouve que le sarcloir oscillant est le mieux adapté à presque tous les travaux, car on peut travailler aussi bien vers l'avant que vers l'arrière ; les plantes coupées restent sur place et servent de paillage. J'utilise aussi une binette. La binette possède une griffe recourbée terminée par une lame, le cultivateur, lui, a plusieurs griffes terminées par des pointes métalliques.

Comme dit l'adage, « un binage vaut deux arrosages ». Le binage sert à briser la croûte à la surface du sol afin de l'aérer et d'améliorer la pénétration de l'eau. Le sol reste humide, car le binage brise les fentes de retrait du sol qui facilitent les remontées d'eau par capillarité. Mais ne binez pas entre les plantes à racines superficielles, car vous risqueriez de les blesser.

SEMEZ LE FUTUR

Les graines de nos plantes cultivées ont été sélectionnées pendant des millénaires par les paysans du monde entier. Et pendant très longtemps, les paysans conservaient une partie de la récolte sous forme de semences pour la réutiliser l'année suivante.

▲ Comme toutes les monocultures, les champs de maïs facilitent l'érosion du sol. Avec ses besoins élevés, le maïs siphonne littéralement les nutriments du sol.

Variétés stables contre hybrides

L'organisation mondiale pour l'alimentation et l'agriculture (FAO) estime que les trois quarts des variétés cultivées ont disparu. Les semences de légumes tels que le chou-fleur, le brocoli, le chou de Chine et le radis ont été brevetées par des firmes comme Monsanto ou sont vendues sous forme d'hybrides appartenant aux entreprises semencières. Les hybrides représentent aujourd'hui 75 % des variétés de légumes. Ils sont commercialisés sous le nom d'« hybride F1 ».

Qu'est-ce qu'un hybride ?
Beaucoup d'hybrides agricoles sont des lignées consanguines qui n'existent pas dans la nature. La plupart des plantes sont auto-stériles. Cela signifie qu'un pommier, par exemple, a besoin du pollen d'un autre pommier et ne peut s'auto-polliniser. Il existe différentes techniques pour produire des hybrides consanguins. L'une d'elle consiste à provoquer la fusion des noyaux par une exposition à la radioactivité ou à des substances chimiques. Les graines de ces variétés sont généralement

stériles ou produisent des plants semblables aux lignées parentes : elles sont instables. Paysans et jardiniers ne peuvent donc pas ressemer les graines l'année suivante, mais doivent en racheter chaque année.

Qu'est-ce qu'un hybride CMS ?

Les hybrides CMS sont une forme de manipulation génétique refusée par l'agriculture biologique. Cela concerne surtout les Brassicacées mais aussi les endives. CMS signifie en anglais « stérilité mâle cytoplasmique ». La fusion de protoplasmes permet de produire en laboratoire des plantes hybrides artificielles et consanguines. Chez les OGM, c'est un gène appelé « Terminator » qui provoque la stérilité de la graine. N'est-ce pourtant pas la fonction d'une plante que de produire des descendants et donc des graines fertiles ? La technique CSM interrompt ce cycle naturel chez la plante génétiquement améliorée. Elle permet de fusionner des cellules et des noyaux cellulaires d'espèces différentes. On obtient ainsi des semences stériles, car les plantes résultantes ne produisent pas de pollen fertile.

▲ Conformément à la réglementation, les variétés hybrides doivent être signalées. On les reconnaît à la mention « hybride F1 » sur l'emballage.

» *Le brevetage des semences par l'industrie agroalimentaire et les géants du génie génétique comme Monsanto, Syngenta, Bayer et autres se traduit partout dans le monde par une dépendance de la production alimentaire et de l'accès aux semences.*

Variétés stables

Les jardiniers et agriculteurs biologiques considèrent que les hybrides contiennent moins de composants savoureux et sains et que leurs qualités nutritives sont moindres. Inversement, les variétés stables produisent sans manipulation des graines naturelles et fertiles.

Les hybrides ne peuvent pas être cultivés plus d'une génération, car leurs propriétés utiles, par exemple un rendement plus élevé, ne concernent que la première génération semée. Dès la génération suivante, le rende-ment diminue nettement. Par conséquent, les ressources alimentaires des abeilles, des bourdons et des papillons ne cessent de diminuer, car ces plantes ne produisent plus de pollen.

Alors que les variétés anciennes sont bien adaptées au sol et au climat locaux, les hybrides ne sont pas adaptés et ont besoin de grandes quantités d'engrais, d'herbicides, de pesticides et de fongicides pour survivre, une tendance qui ne devrait que s'accentuer avec le changement climatique.

Depuis des années, des mouvements écologiques ou des associations se consacrent à la préservation des variétés anciennes et locales. C'est notamment le cas de l'association Kokopelli, des agriculteurs en biodynamie ayant adopté la labellisation Demeter et le mouvement des Villes en Transition. Et bien sûr, tous les particuliers adeptes de la permaculture !

Préserver toutes les variétés anciennes

La conscience de l'importance des variétés anciennes ne cesse de croître. Il y a peut-être près de chez vous une foire aux plants et aux graines, ou un groupe d'échange de semences où vous pourrez échanger ou acheter des graines ? Les variétés anciennes sont surtout cultivées dans les jardins des particuliers. Veillez bien à utiliser des graines de variétés pures, stables et non traitées. Vous aurez aussi l'occasion de découvrir des variétés inconnues ou oubliées très savoureuses que vous ne trouverez jamais au supermarché.

La préservation de la diversité culturale nécessite des variétés stables ayant encore

◀ Il existe des carottes de toutes les formes et de toutes les couleurs, de jaune à violet. Ont-elles toutes le même goût ou y a-t-il des différences ?

leur patrimoine génétique complet et qui continueront de produire à la génération suivante. Même dans les banques de semences, on ne conserve aucune variété hybride, car elles ne peuvent pas contribuer à la conservation de la diversité à cause de leur instabilité.

Penser de manière globale

Penser globalement n'est pas toujours facile. Mais cela devient plus simple à mesure que nous intégrons ces savoirs et cette façon de penser. Il devient alors facile de comprendre, que l'on soit jardinier, amoureux de la nature et surtout apiculteur, l'importance d'acheter des semences biologiques. La moindre quantité d'herbicide, de fongicide ou d'insecticide se retrouve plus tard dans la plante, le pollen et le nectar. La mort préoccupante et toujours plus fréquente de colonies entières d'abeilles est à relier aux plantes saturées de pesticides.

La philosophie de la permaculture repose sur le respect de toute forme de vie, qu'elle soit végétale, animale ou humaine. Si l'on accorde une dignité aux plantes, alors l'intrusion toujours plus massive dans la reproduction des plantes est éthiquement contestable et doit être rejetée. Chaque sachet de graines hybrides représente une redevance sur brevet, car il n'est pas possible de réutiliser la génération suivante de graines.

Des graines traitées ?

Les graines traitées sont loin d'être inoffensives. Achetez des graines de variétés pures et stables. On me demande souvent si le traitement des graines est vraiment un problème, car elles sont si petites. Mais les produits systémiques dont la graine est imprégnée se retrouvent ensuite dans le germe et dans la plante.

Les traitements incluant des fongicides ont pour but d'offrir « une protection totale à la

▲ Les vieilles variétés de légumes, souvent méconnues et pourtant savoureuses comme le crosne (*Stachys affinis*), sont très faciles à cultiver et apportent de la diversité sur votre table.

plante » et de tuer les agents pathogènes. Certaines substances sont actives dans le sol après le semis et se répandent autour de la graine, créant une sorte de bulle protectrice contre les maladies. Les fongicides à action locale sont ainsi de plus en plus employés pour les graines de petite taille.

Certains traitements réunissent deux domaines d'action, offrant une bulle protectrice ainsi qu'une protection systémique partielle. Le traitement se retrouve dans le sol où il agit contre les maladies. Outre les fongicides et les herbicides, les traitements peuvent aussi contenir des insecticides. Tous ces produits finissent par se retrouver dans la plante.

UN MOT DE CONCLUSION

En décidant de jardiner selon les principes de la permaculture, c'est un fantastique éventail de sujets d'exploration qui s'offre à vous.

Admirer la diversité

La diversité qui se révèle rien qu'en observant le sol est tout simplement stupéfiante. Micro-organismes, champignons, insectes, petits animaux et bien sûr, lombrics contribuent tous à la santé et à l'harmonie du sol. La permaculture attire l'attention sur le fait que tout est lié dans la nature et qu'il en résulte des interactions riches. Ainsi, une forte biodiversité se traduit par la présence de nombreux insectes comme les abeilles, les papillons, les bourdons ou les libellules. Ces artistes volants nous ravissent du premier rayon de soleil printanier jusqu'à l'automne. Regardez citrons, grands porte-queues ou sphinx colibris papillonner de fleur en fleur est un plaisir. La biodiversité n'agit pas seulement au-dessus du sol mais aussi et principalement sous terre, à l'abri de nos regards.

Voir les résultats

En intégrant les lois de la nature dans notre approche au lieu de travailler contre elle, les succès sont inévitables. Les soins du sol et la formation de l'humus sont les clés de la productivité. Lorsque vous noterez que les limaces ont cessé d'être un problème parce que vous gérez votre jardin de manière écologique, vous ressentirez un profond sentiment de bonheur. Et peut-être même parviendrez-vous à ne plus voir les limaces comme des ennemies. Car en dépit des dégâts qu'elles causent dans un jardin, elles contribuent à la production d'humus et elles sont un élément important de la chaîne alimentaire. Tirons parti du fait que les limaces n'aiment pas les soucis ni les plantes contenant de l'acide oxalique, comme l'épinard, l'arroche, le bon-henri, la blette ou l'épinard-fraise, et semons-en autour de nos planches de culture en ayant pris soin d'enlever d'abord les pontes dissimulées dans la terre.

Un jardin plaisant

Vos voisins admireront sûrement la prairie fleurie qui aura remplacé la pelouse monotone. Pour goûter à ce plaisir, il suffit de planter dans votre pelouse des bordures ou quelques massifs de campanules, de brunelles, de marguerites, de galinsogas ou de sauges des prés. Vos coins sauvages vous réserveront de belles surprises. Dans ces coins non jardinés apparaîtront soudain des lézards, des crapauds s'y installeront. Laissez-vous surprendre.

Laisser-faire, tout simplement

Que votre jardin soit petit ou grand, la permaculture vous ouvre de nouvelles perspectives et votre jardin peut devenir une oasis pour les animaux et les plantes menacés. Un peu d'intuition et de sensibilité envers les processus naturels vous y aideront. Trop d'ordre nuit au jardin et crée un travail superflu. Dans la nature, personne ne fait le ménage : la nature recycle tous les déchets organiques pour en faire de l'humus. Un jardin en permaculture s'entretient lui-même. Les seules interventions nécessaires sont les semis, le repiquage et la récolte, et, de temps en temps, une taille raisonnée des arbres et arbustes. Le respect des êtres vivants et l'économie de travail vous permettront de profiter pleinement de votre jardin.

INDEX

INDEX DES PLANTES

RESSOURCES

Fournisseurs

Toutes les grandes jardineries proposent aujourd'hui de larges gammes de produits biologiques. Par ailleurs, vous pouvez aussi consulter les fournisseurs suivants :

Producteurs de semences biologiques et d'engrais verts
Le Biau Germe – 47360 Montpezat
www.biogerme.com

Ferme de Saint-Marthe – BP 70404, 49004 Angers cedex 01
www.fermedesaintemarthe.com

Kokopelli – 22, Cap de Lourm ; 09290 Le Mas d'Azil
https ://kokopellis-semences.fr

Semences biodynamiques
Germinance – 4, impasse du Gault ; 49150 Baugé-en-Anjou
www.germinance.com

Graines pour prairie naturelle
Ferme de Saint-Marthe – BP 70404 ; 49004 Angers cedex 01
www.fermedesaintemarthe.com

Microorganismes efficaces (EM)
Hector produits naturels –
22a, rue Claire-Oster ; 57200 Sarreguemines

Matériel, produits et semences biologiques
Magellan – BP 10004 ;
59892 Lille cedex 9
www.magellan-bio.fr

Organisations et associations

Brin de paille, réseau français de permaculture
www.permaculture.fr

Kokopelli, association pour la conservation de la biodiversité des semences
22, Cap de Lourm ; 09290 Le Mas d'Azil
https://kokopellis-semences.fr

Demeter, association de l'agriculture biodynamique
5, place de la gare ; 68000 Colmar
www.demeter.fr

Villes en Transition
www.transitionfrance.fr
Réseau mondial :
https://transitionnetwork.org

Université populaire de permaculture, réseau de formateurs
www.permaculturefrance.org

CRÉDITS PHOTOGRAPHIQUES

Biosphoto/Dominique Dumas : p. 123.
botanikfoto/Steffen Hauser : pp. 45, 71, 73, 74, 79 en haut, 92, 97, 98, 103 à gauche, 122, 133.
Cecchini, Rachele Z. : photo de 4° de couverture bas milieu ; p. 56.
Colourbox. de : p. 111.
Dirk Mann/www.flowermedia.com : pp. 29, 39.
Familie Zimmer, www.pankrazhof.at : pp. 66, 68 et photo de 4° de couverture haut gauche.
Flora Press : pp. 4 (Christine Anne Föll), 44 (Redeleit & Junker/U. Niehoff), 70 (Gary Smith), 81 (Stephan Rech), 112 (Edition Phönix), 36, 132 (GWI), 119 (MAP), 120 (Ute Klaphake).
Glaser, Bruno : p. 147.
Imago/Steinach : p. 165.
Langheineken, Jutta : p. 96 à droite/à gauche et photo de 4° de couverture haut droite.
Mauritius images : photo de 4° de couverture bas droite, pp. 10 et couverture haut droite, 20, 22, 25, 33, 34, 37, 59, 78, 79 en bas, 83, 84, 85, 94, 99 gauche, 103 droite, 104, 124, 125, 126, 127, 128, 130, 135, 138, 139, 140, 143 à droite, 144, 150, 153, 156, 161, 162, 167, 168.
Möhrle, Bigi : pp. 2, 16 et photo de 4° de couverture haut milieu, 18 et photo de couverture bas, 86, 95, 101, 108, 129, 152, 158, 163, 166.

Naturfoto Hecker/Frank Hecker : p. 50.
Okapia/imageBROKER/Horst Sollinger : p. 24.
Okapia/imageBROKER/Adelheid Nothegger : p. 121.
Roland Günter/OKAPIA : p. 13.
Strauss, Friedrich : p. 151.
Shutterstock.com : pp. 6 (Alex Emanuel Koch), 9 (Mi.Ti.), 12 (Piotr Krzeslak), 14 (Gala_Kan), 21 (High Mountain), 23 (Ina Rschke), 28 (Toa55), 51 (Ultimathule), 53 (Martin Fowler), 67 (Sponner), 72 et et photo de 4° de couverture bas gauche (Manfred Ruckszio), 80 (Hintau Aliaksei), 82 et couverture haut milieu (Arina P Habich), 88 (Pavel Vakhrushev), 89 (Julia Kuznetsova), 99 droite (Maxal Tamor), 100 (Images72), 102 (Grisha Bruev), 105 (Roger Hall), 106 (Mark Herreid), 110 (Monkey Focus), 115 (Christopher Elwell), 131 (IanC66), 142 (NicO_l), 143 à gauche (clearviewstock), 146 (Dr Morley Read), 148 (Julija Sapic), 155 (Moravska), 159 (Tumsasedgars), 160 (Karen Kaspar), 164 (EcoPrint).
Zoonar/karin59 : p. 87.

Tous les dessins sont de **Bernd Liessmann**, architecte, d'après les indications de l'auteure.

Dessin du pissenlit : **Viatchaslau JOUKAU/ Shutterstock.com**.

L'édition originale de ce titre a été publiée en allemand sous le titre « Handbuch Permakultur, klug planen und nachhaltig gärtnern » © 2016, Eugen Ulmer KG, Stuttgart (Hohenheim).

Traduit de l'allemand par : Pierre Bertrand

© 2017 Les Éditions Ulmer
24, rue de Mogador
75009 Paris
Tél. : 01 48 05 03 03
Fax : 01 48 05 02 04
www.editions-ulmer.fr

Réalisation : Camille Fouché
Suivi éditorial : Marie-Marie Andrasch
Impression : Printer Trento S.r.l., Trento
ISBN : 978-2-84138-900-1
N° d'édition : 900-01

Dépôt légal : mars 2017
Printed in Italy

FSC
www.fsc.org
MIXTE
Papier issu de sources responsables
FSC® C015829